快手博主
实操攻略

内容策划 视频制作
直播技巧 运营变现

运营君　著

人民邮电出版社
北京

图书在版编目（CIP）数据

快手博主实操攻略：内容策划 视频制作 直播技
巧 运营变现 / 运营君著. -- 北京：人民邮电出版社，
2022.12
ISBN 978-7-115-60158-2

Ⅰ. ①快… Ⅱ. ①运… Ⅲ. ①网络营销 Ⅳ.
①F713.365.2

中国版本图书馆CIP数据核字（2022）第189222号

内 容 提 要

本书深入剖析了快手平台的特点，介绍了内容策划、短视频内容制作、直播技巧、运营变现等实用内容。

本书共 10 章，首先对快手平台的使用操作与账号定位进行了讲解，方便读者快速上手；随后详细介绍了短视频内容制作、素材拍摄、后期剪辑的相关技巧；然后本书着重介绍了快手账号的运营策略，比如运营创收、自营电商等综合性的运营技巧；最后，本书还分享了快手小店、快手直播等运营者切实关心的内容，使读者能够了解并掌握运营快手账号需要具备的核心技能。

本书适合对快手内容创作和运营感兴趣的广大读者阅读学习。对于短视频行业的从业人员、通过快手平台进行营销的企业和商家、通过快手实现引流的新媒体创业者，本书也有一定的参考价值。

◆ 著　　　　运营君
　 责任编辑　张　贞
　 责任印制　陈　犇

◆ 人民邮电出版社出版发行　　北京市丰台区成寿寺路 11 号
　 邮编　100164　　电子邮件　315@ptpress.com.cn
　 网址　https://www.ptpress.com.cn
　 雅迪云印（天津）科技有限公司印刷

◆ 开本：700×1000　1/16
　 印张：12.5　　　　　　　　2022 年 12 月第 1 版
　 字数：342 千字　　　　　　2022 年 12 月天津第 1 次印刷

定价：69.80 元
读者服务热线：(010)81055296　印装质量热线：(010)81055316
反盗版热线：(010)81055315
广告经营许可证：京东市监广登字 20170147 号

前言

写作背景

近年来，短视频行业发展迅猛，随着5G时代的来临，短视频已经成为大众生活中不可或缺的内容产品。快手是一款热门的短视频App，在众多的短视频平台中，它毫无疑问是一个"巨头"。

快手坚持"拥抱每一种生活"的理念，满足每位用户对于短视频的需求，其内容覆盖了生活的方方面面，也吸引了各行各业的不同年龄段的用户。随着快手平台的不断发展与壮大，大量的流量聚集在此，其商业价值得到了充分体现，快手也因此获得了大量品牌商及新媒体运营人员的关注。为了帮助大家运营快手账号，在快手获得商业成就，本书应运而生，并且站在初学者的角度，全面介绍了快手及其账号运营与变现等的相关内容。

本书特色

条理清晰，通俗易懂：本书内容安排逻辑性强，以"了解快手—账号定位—内容制作—拍摄与剪辑—运营技巧—流量变现"为主要脉络，语言简洁，通俗易懂。

内容详实，图文并茂：本书站在初学者的角度，详细介绍了快手短视频的内容制作、拍摄与剪辑方法，以快影为例，图文并茂地进行剪辑指导，帮助读者轻松攻克视频剪辑，以及音效、字幕、转场、素材的添加等诸多技术难题。

运营技巧，全面分享：本书从发布技巧、互动技巧、涨粉技巧、热门技巧、分析技巧五大方面，详细介绍了快手账号运营的多种技巧，力求让读者迅速上手，掌握快手运营诀窍。

流量变现，完全解析：本书详细介绍了快手的变现方式，帮助读者明确流量转化的方法，拓宽营利路径，增加运营收入。

内容框架

本书共10章，详细讲解了快手的使用操作与账号定位，快手视频作品的内容制作、拍摄、剪辑等内容，同时为各位读者精心总结了快手账号的运营技巧和快手的变现途径，还讲解了快手小店、快手直播的相关内容。

第1章：概述快手的基本内容，包括但不限于快手简介、平台玩法、技术玩法、用户属性与热门内容等，让读者能够快速对快手及其内容生态环境有一个较为全面的了解。

第2章：主要从内容定位、优势定位、受众定位、信息设置和标签化五大方面向读者介绍有关账号定位的内容，并且剖析了账号信息设置的要点，使读者为后续的快手账号运营工作奠定坚实的基础。

第3章：主要讲解快手视频作品的内容制作方法，对从选题方向、策划到剧本的撰写等都进行了详尽说明，并且引导读者进行流程化创作和素材库构建，还着重讲解了标题的写作及视频文案的写作技巧、注意事项，帮助读者顺利开启视频产出的第一步。

第4章：主要介绍素材拍摄的相关知识，包括拍摄前的准备、构图手法的选用、多重视角的应用、拍摄景别的把握、运镜技巧和拍摄技巧的学习等，让读者能够轻松拍摄出视频大片。

第5章：以快影为例，介绍视频的基础剪辑步骤与方法，包括初步剪辑，音效、字幕的添加和背景的设置等，还讲解了将视频分享至快手的操作，帮助读者迅速胜任视频剪辑工作。

第6章：以快影为例，展示视频剪辑的进阶操作，主要介绍如何在短视频中添加转场和素材、如何进行后期调整以及如何应用视频模板等。

第7章：介绍快手账号运营工作中可以使用的多种运营技巧，涉及视频的发布、与用户的互动、账号的引流涨粉、使视频上热门、数据内容的分析等方面，帮助读者轻松上手快手账号运营工作，提高运营效率与质量。

第8章：围绕如何在快手盈利，简单介绍了快手的商业模式，重点介绍了广告变现、借力平台资源和内容变现的相关内容，还警示了运营者防止被封号。

第9章：详细介绍快手小店的功能与应用，例如快手小店的开通与经营、营销卖货的技巧等，还简单列举了实现快手小店成功变现的关键要素，帮助读者更好地发挥出快手小店的作用。

第10章：着重分析快手直播这个功能产品，介绍了快手直播的基本情况，从直播设备选择、直播设置、产品展示、带货策略和沟通技巧等方面，列举优化直播运营与变现的方法技巧，让读者能够顺利地对粉丝流量进行转化。

读者群体

本书适合广大自媒体创业者和以短视频为营销途径的电商团队相关人员阅读，也可以作为培训机构的参考教材。

编　者

目 录

第 3 章
内容制作：形成扎实而稳定的内容创作能力

第 4 章
素材拍摄：使用手机即可完成

第 5 章
快影入门：内容编辑很简单

第6章

快影进阶：添加特效反差大

第7章

快手运营：多种技巧综合使用

第8章

快手盈利：了解运营创收之法

第 9 章

快手小店：自营电商达成变现

第 10 章

快手直播：引流与变现的主要渠道

第1章

快手平台：
全面解构，方便上手

快手是大多数年轻人喜爱的短视频平台，不少用户都会在快手上分享自己的日常生活和所见所闻。随着注册用户的增多，快手也不再满足于成为一个社交型的视频平台，而是大胆迈步，加入了电商模式，成为一个全新的内容平台。这样的转变，不仅吸引了更多的用户加入平台，也吸引了一些商家和品牌入驻。本章将从认识快手、平台玩法、技术玩法、深度解析这4个方面来具体介绍快手。

1.1　认识快手：从四大方面了解快手

在玩转快手之前，我们需要先对快手有全面的了解。本节将从快手简介、快手文化、快手账号和快手界面四大方面介绍快手平台。

1.1.1　快手简介：了解快手是什么

快手诞生于2011年，最初是一款用来制作、分享GIF图片的工具。快手在"公平普惠"的理念下不断发展，截至2022年3月31日，快手日平均用户为3.46亿，月平均用户为5.98亿，数据仅次于抖音，是中国第二大短视频平台。

相比于抖音的高效、媒体属性强、中心化，快手是以创作者为导向的，用户上传视频的意愿更高，社交属性更强。快手内容创作者占月平均活跃用户的比例约为26%，每月平均上传11亿条视频，互关用户对数累计约188亿对。

与抖音"记录美好生活""潮""酷""时尚"的定位不同，快手坚持"拥抱每一种生活"的理念，以"每个人的生活都值得记录"为口号，鼓励用户上传各类原创生活视频。从人们的日常生活到体育、二次元、教育、时尚、购物等，快手的多元内容几乎涵盖了每个人的"日常和远方"。图1-1是快手在应用商店中的介绍图片。

图1-1

1.1.2　快手文化：原生态的"新市井"

市井是街市的代称，居民一般会把居住范围5公里内的生活区域和商铺称为市井。而快手通过大数据技术以及独特的单双列模式，在线上构建了一个包容、高效、具有信任感的商业生态新市井。充满烟火气和人情味的市井文化，与快手社区文化一脉相承。

快手新市井以"信任"为核，以"好货"为养料，将生活与商业相结合，能使品牌好货在快手平台上更容易获得成长。快手新市井呈现出包容、高效、活力、信任、供给充足、交易高频六大特征，为品牌打造出公域有活力、私域有黏性、商域有闭环的生态，进而帮助品牌实现扩圈、经营和沉淀等多重价值。

1.1.3　快手账号：注册、登录过程详解

打开快手后，软件会开始播放推荐的视频，但如果不进行注册、登录，用户将无法使用评论、收藏等功能，所以接下来的步骤非常关键。

01 进入快手"发现"界面（见图1-2），此时虽然可以观看视频，但不能进行评论、收藏等相关操作。点击"我"时会跳转至"登录"界面，如图1-3所示。

图 1-2

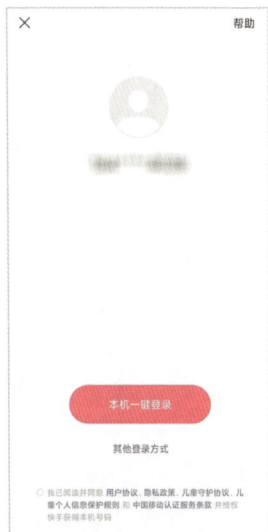

图 1-3

02 在"登录"界面点击"本机一键登录"按钮或"其他登录方式"按钮都会跳转至登录详情页，用户可以选择使用手机号登录，也可以选择使用微信、微博等其他方式进行绑定登录，如图1-4所示。

03 注册完成后，即可进入快手页面正常使用相关功能，如图1-5所示。

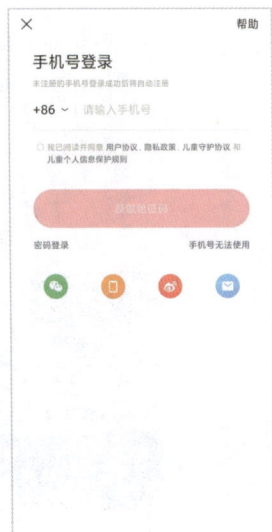

图 1-4

图 1-5

04 注册完成后，还需要对个人资料进行完善，在底部选项栏点击"我"进入个人主页，如图1-6所示。

图1-6

05 在个人主页中可以看到头像、用户名、快手号等各类信息。点击界面中的"完善资料"按钮，即可进入"编辑个人资料"界面，如图1-7所示。

以上即为快手账号注册、登录以及完善资料的相关步骤。值得一提的是，个人信息的设置并不是一成不变的，个人与团队或企业账号具有一定的区别。

图1-7

1.1.4 快手界面：快速熟悉界面布局

完成注册和登录之后，我们就完成了认识快手的第一步。此时大部分人对这个平台仍不熟悉，接下来将对快手的界面布局进行详细介绍。

1. 首页

在底部选项栏找到"首页"，进入"首页"界面后点击"同城"，进入"同城"界面，即可看到附近用户发布的视频，如图1-8所示。点击"同城"界面右上角的附近的人按钮，可以看到附近用户当前的状态和所在位置，如图1-9所示。

点击"同城"界面左上角的当前位置按钮，还可以自主选择城市，或在搜索框中输入城市名即可，如图1-10所示。

在快手"首页"中，除了可进入"同城"界面，还可以进入"关注""发现""放映厅""找工作"界面。在"关

图1-8

图1-9

注"界面中，用户关注的所有快手账号发布的动态都将会列出，如图1-11所示。"发现"界面则是系统推送的用户"可能感兴趣"的内容，如图1-12所示。"放映厅"界面则能观看各种影视剧作品，如图1-13所示。"找工作"界面则是各种招聘信息，如图1-14所示。

图1-10

图1-11

图1-12

图1-13

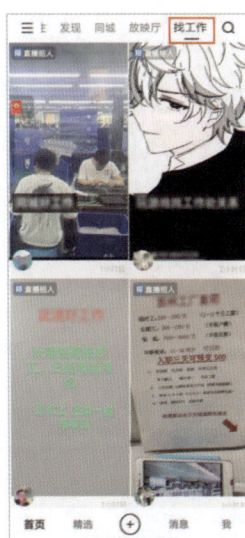

图1-14

2. 精选

在底部选项栏找到"精选"，点击进入"精选"界面，如图1-15所示。在"精选"界面中下滑界面即可观看其他视频，点击界面即可暂停播放视频。每一条视频都包含点赞、评论、收藏、分享等按钮。

在"精选"界面中，如果用户不做任何操作，软件会循环播放目前推荐的短视频。虽然快手没有播放/暂停按钮，但是用户可以通过轻触屏幕空白处暂停播放当前短视频，再次轻触即可继续播放。

如果用户在快手中"刷"到了精彩、好玩的视频，无论是在快手首页还是在视频创作者的个人主页，都可以对视频进行点赞，这样不仅可以将感兴趣的内容保存在"我"界面中，还能给视频创作者带来额外的流量。图1-16所示为点赞之后保存的视频。

除了点赞，用户还可以对视频进行评论。快手作为一个社交软件，无论是点赞还是评论，最终带来的都是互动。在"精选"界面右侧的心形按钮下方，可以看到评论按钮，同时可以看到评论数，点击评论按钮可以进入评论详情页，如图1-17所示。

图 1-15

图 1-16

图 1-17

在评论详情页中，可以滑动查看评论的账号、相关内容和时间。点击每条评论右侧的灰色心形按钮可以对评论进行点赞，也可以点击头像进入该账号的个人主页。除此之外，还可以在评论详情页底部的评论窗口进行评论的编辑和发布。

除了点赞和评论互动，分享也是表达对视频的认同的最好方式之一。其一，社交通常是讲究礼尚往来的，不吝啬自己的分享，才能换来同等的尊重和分享；其二，在快手中善于分享也可以提高自己的人气。点击"精选"界面右侧的分享按钮，可以打开"分享至"界面，如图1-18所示。在该界面中可以看到，既能将视频私信给快手好友，也可以分享至其他平台。

3. 消息

视频创作者发布视频所获得的赞和收藏、新增关注、私信信息、评论和@，可以在"消息"界面和"私信"界面中点开对应图标进行查看，如图1-19所示。

4."我"

个人主页是对用户信息的汇总，包括个人资料、发布的作品、收藏和赞过的视频等，如图1-20所示。在"我"界面中，可以查看或修改头像、名称、个人介绍、封面等内容，本章1.1.3节已详细介绍相关内容，在此不再赘述。

图 1-18

图 1-19

图 1-20

1.2 平台玩法：4种随时可用的玩法

视频内容是快手的核心，除了观看视频，快手中还有很多互动玩法。与其他社交类App一样，快手为用户提供了拍照、发布视频、直播等多种可与其他用户互动的功能。本节将一一介绍这些功能。

1.2.1 快手拍照：快拍模式展示美图

快手的快拍模式允许用户一次拍摄多张照片，然后从中挑出最好的照片进行编辑，这对常用快手的用户来说是一个十分便捷的功能。下面介绍其使用方法。

01 打开快手，点击底部选项栏中央的图标 ⊕，如图 1-21 所示。

02 在拍摄界面中点击上方的"拍多张"按钮，即可利用快拍模式进行拍照，如图 1-22 所示。

图 1-21

图 1-22

03 拍摄完毕后点击图 1-22 中的"相册"按钮，可查看拍摄的照片。选择满意的照片或视频，点击"下一步"按钮，如图 1-23 所示。

04 在快手中可以对作品进行简单的编辑，编辑完成后点击"下一步"按钮即可发布，如图 1-24 所示。

图 1-23

图 1-24

1.2.2 快手视频：拍摄视频展示内容

快手具备丰富的视频拍摄功能，例如使用"分段拍"功能，能轻易制作出换装（或道具）等比较有趣的视频。快手的视频拍摄功能具体介绍如下。

1. 分段拍

使用快手可以分段拍摄短视频，也就是可以拍一段视频暂停后再拍下一段，最后拼在一起形成一条完整的视频。只要两个场景的过渡做得足够好，最后的视频效果就会很酷炫。例如拍摄一键换装类视频（见图1-25），就可以长按拍摄按钮来方便地进行分段拍摄。

图1-25

分段拍摄玩偶熊的变装（或道具）趣味视频时，可以先长按拍摄按钮拍摄几秒视频，然后松开手即可暂停拍摄，如图1-26所示。

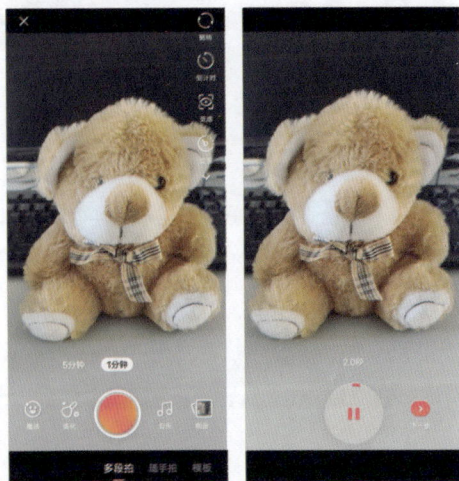

图1-26

接着，我们给玩偶熊戴上道具（这里是一副眼镜），但姿势还是跟刚才拍摄时保持一致，然后再长按拍摄按钮拍摄几秒视频，松开手即可暂停拍摄，这样我们的玩偶变装（或道具）视频就拍摄完成了，如图1-27所示。

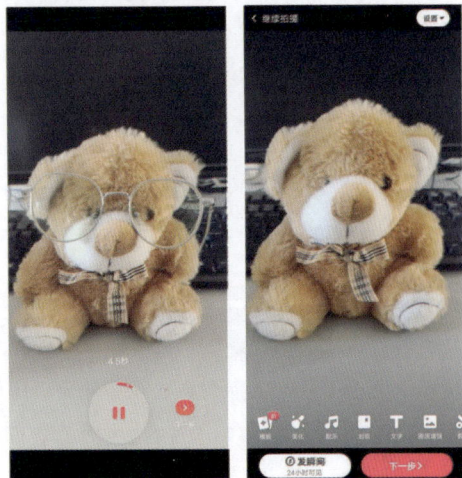

图1-27

2. 模板

对于刚刚接触短视频制作且不了解视频拍摄技巧和制作方法的朋友来说，快手中的"模板"功能无疑会成为他们爱不释手的一项功能。通过套用视频"模板"功能，用户可以快速且高效地制作出同款视频。

使用快手视频模板的方法非常简单：在确定需要应用的视频模板后，点击视频模板下方的"开始制作"按钮，如图1-28所示，进入素材选取界面，选好素材，选取视频素材以后，点击"选好了"按钮，如图1-29所示，视频便制作完成了。

图1-28   图1-29

1.2.3 素材加工：快手编辑功能丰富

快手是集视频拍摄和剪辑于一体的App，其能通过各种功能为视频增加多样化的效果，让视频更加生动有趣，提升用户的观看体验。图1-30所示为快手视频预览界面下方的功能选项栏。下面将主要介绍美化、配乐、封面、剪辑、贴纸5个编辑功能。

图1-30

1. 美化

使用快手拍摄时，以人为主体的情况较多，这就自然少不了使用"美化功能"。适当的美化可以减少人物面部瑕疵，让视频看起来更加美观。快手中的"美化"功能非常丰富，主要分为美颜、美妆、美体、滤镜等4种，接下来进行具体介绍。

（1）美颜

"美颜"功能主要是通过面部捕捉，对整体和局部进行微调，具体包括美白、磨皮、瘦脸、大眼等。而快手直接将这些功能预设为1~5个等级（见图1-31），用户根据需求进行选择即可。

（2）美妆

除了美颜，"美化"功能还包括美妆。如果在拍摄视频时，用户对自己的妆容效果不满意，可以选择合适的美妆效果（见图1-32），对面部、五官及其他部位进行渲染、描画、整理，增强立体感，调整形色，掩饰缺陷，表现神采，从而达到美化视频的目的。

图1-31

（3）美体

图1-32

美妆主要实现面部优化，而美体主要针对身体部位进行优化。在实际拍摄视频的过程中，可能会因为一些客观因素将人体拍摄得不协调，在这种情况下便可以利用美体中的长腿、瘦腰、小头、天鹅颈等功能对画面中的人体进行调整，如图1-33所示。

（4）滤镜

滤镜对拍摄的重要性，可以说是到了"无滤镜、不拍摄"的地步。合适的滤镜能为视频带来更加丰富的色彩。快手短视频的滤镜主要分为人像、生活、美食、新锐、油画等5种，如图1-34所示。

图1-33   图1-34

2. 配乐

作为短视频，配乐自然是不可少的，它甚至可以影响用户拍摄视频的思路。在编辑视频的配乐界面中，用户可以选择自己喜欢的音乐，也可以在"收藏"中选择自己收藏的音乐，如图1-35所示。

图1-35

在配乐功能中，用户除了可以设置合适的背景音乐，还可以利用"录音"功能为视频添加配音，并在剪辑项目中实时完成旁白的录制和编辑工作。在录制旁白前，最好连接上耳机，这样能有效地提高声音质量。长按录制按钮 ⬤，即可进行录音，录音结束后，点击确定按钮即可完成操作，如图1-36所示。

看过游戏类短视频的朋友应该知道，一些视频博主为了提高视频的人气，会使用变声软件对视频进行变声处理，搞怪的声音加上幽默的话语，时常能让观众捧腹大笑。

对视频原声进行变声处理，在一定程度上能够强化人物的情绪。用户使用"录音"功能完成旁白录制后，点击"变声"按钮即可根据实际需求选择声音的效果，如图1-37所示。

图1-36

图1-37

3. 封面

纵观点赞量高的优质视频，它们都有几个共同的特点：充分体现了视频内容；把握好了尺寸和比例，图片不违规；风格统一，彰显形象等。一个好的封面能让用户在快速浏览时停下来观看你的视频。

用户在快手中可以对视频的封面进行设置，视频中的任意一帧都可以设置为封面，如图1-38所示。除此之外，用户还可以添加封面文字，选择合适的文字模板并自行添加适合视频主题的文字，如图1-39所示。

图1-38

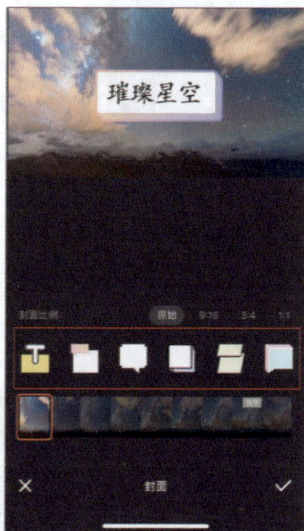

图1-39

4. 剪辑

在快手的视频编辑界面中，用户可以对视频素材进行简单的操作，主要包括分割、删除、变速、旋转等4种操作，如图1-40所示。

剪辑可以说是视频制作中不可或缺的环节。如果只依赖前期拍摄，那么在跨越时间和空间的画面中势必会出现很多多余的部分，画面的节奏和变化也就很难把握，所以用户需要利用剪辑功能来重新组合各个视频片段，并剪掉多余的片段，令画面的衔接更为紧凑，结构更严密。

5. 贴纸

"贴纸"功能是如今许多视频编辑类软件中具备的一项特殊功能。在视频画面中添加动画贴纸，不仅可以起到较好的遮挡作用，还能让视频画面看上去更加酷炫。

在快手的剪辑项目中添加视频或图像素材后，点击功能选项栏中的"贴纸"按钮 ，如图1-41所示。在打开的贴纸界面中可以看到几十种不同类别的动画贴纸，并且贴纸的内容还在不断更新，如图1-42所示。用户可以在不同的贴纸类别下选择想要添加到剪辑项目中的动画贴纸。

图1-40

图1-41

1.2.4 快手直播：开始直播互动带货

如今，直播已经出现在各行各业，很多企业、品牌、个人都将实现价值的希望寄托在直播上。快手作为广受欢迎的短视频平台之一，是直播的战略要地，运营者可以把握这一机会，从中实现变现。

快手2022年第一季度财务报告显示，快手2022年第一季度的直播收入为78亿元，直播月付费用户为5650万，每月直播付费用户平均付费为46.3元。截至2022年3月31号，快手电商交易总额达1750.76亿元，用户平均重复购买率超过60%。快手用户回购率高，因此，在快手带货会更容易收获忠实用户。

图1-42

1.3 技术玩法：3种助力账号的方法

了解了平台玩法后，用户要想达到理想的效果，还需要了解快手平台的推荐算法、话题的使用、视频封面的设置等。本节将为大家具体介绍相关方法。

1.3.1 平台算法：分析掌握推送规律

快手中有来自各行各业、不同类型的视频账号发布的视频。其中既包括各品牌的推广营销视频，也包括普通用户发布的视频，但质量参差不齐，热度也各异。很多商家会苦恼为什么自己发布的视频不如别的品牌那样具有"爆款"效果，为什么投入得多效果却不好。本小节将具体介绍快手的推荐算法。

快手的定位是内容社区和社交平台，而非一个纯粹的短视频平台。因此，快手的运营逻辑是先搭建关系，再优化内容，搭建良好的社区互动关系是平台运营的核心。快手的双列视频模式能够最大限度地给用户提供更多选择，用户根据封面、标题等更易找到个人感兴趣的内容，如图1-43所示。

抖音和快手都是用户量较大的两个平台，但这两个平台的推荐机制是有一定区别的。抖音采用中心化的推荐机制，即视频通过审核后，系统便会匹配相关用户，对视频进行推送。

在初级流量池里，抖音会自动将视频推荐给100~1000位用户，接着抖音会根据相关数据判断是否让视频进入二级流量池，将视频推荐给更多的用户，并以此类推。在抖音，如果视频的播放量和转发量达到一个特定值，推荐算法就会将这条视频判断为受欢迎的视频内容，然后叠加更多流量。

快手采用去中心化的推荐机制，即在前期不会对视频进行分类和排序，而是以点赞量的多少进行推荐，通过全方位的数据，精准刻画出用户画像，然后针对不同的用户，推荐其愿意观看的视频，以提高视频观看率和增强用户黏性。

图1-43

快手要求视频内容具有互动性、原创性、时效性、新鲜度。快手在推荐视频时会综合各类因素，组合各种推荐算法，覆盖用户不同的需求，不停地根据用户的行为分析用户意图，尽可能达到"系统所推荐的视频都是用户想看的"这样一个效果，以提高视频观看率和增强用户黏性。也就是说，用户在使用快手的过程中，其每一行为都会影响快手的推荐算法，因此快手能实现个性化推荐。

1.3.2 话题参与：善用话题提高热度

话题有很好的引导和引流作用，添加话题后，用户在搜索关键词时也能搜到你的视频动态。在图1-44中，在搜索框内输入"#头像"和"#旅游"，即可出现"头像"和"旅游"的相关话题。添加话题是一个提高视频曝光量的绝佳方法。

除此之外，点击话题可看到话题所在的界面，在该界面中能够看到与该话题相关的视频，如图1-45所示。

由图1-45可看出，在话题界面中能看到一些相关的热门视频动态，便于广大用户参与视频互动，以提高用户的黏性和活跃度。参与话题的方式很简单，在发布视频动态或图片动态时，点击"#话题"按钮，输入与视频内容相关联的话题关键词即可。而且输入话题后，界面中还会自动出现相关话题及热度，用户可以自由选择话题，如图1-46所示。

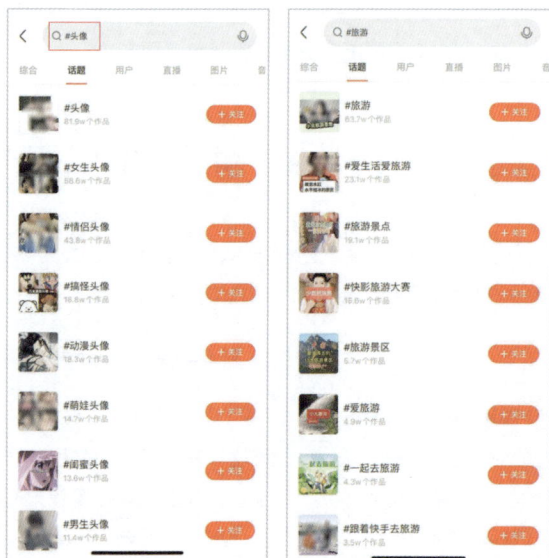

图1-44

图 1-45   图 1-46

一条动态可以添加的话题不限个数，同一条动态可添加多个与之相关的话题，如图 1-47 所示。

图 1-47

在快手中，添加话题无疑是使视频获得平台推荐的"秘籍"。视频作品具有吸引人的创意和丰富的内容自然会获得较高的曝光率，添加话题还会吸引兴趣相同者点赞、评论和关注。

1.3.3 视频封面：名片化的推送效果

前文提到，在快手的编辑界面可以对视频封面进行设置，而纵观点赞量高的优质视频，它们有几个共同的特点：充分体现了视频的内容；把握好了尺寸和比例，图片不违规；风格统一，彰显形象等。一个好的封面能让用户在快速浏览时停下来观看你的视频。

在设计封面时，如何选择定格画面，如何在封面的基础上为视频增添色彩是一个合格的运营者应该掌握的技巧。接下来将为大家介绍一个好的视频封面应具备的特点。

1. 风格统一

快手虽然可以截取视频中的任意画面作为封面，但由于每次发的视频主题不同，可能会导致视频的风格也不同，因此建议制作一张封面图片，并使其在视频开头停留0.5秒，这样既不影响用户观看视频，又可以保持风格统一。图1-48所示为两个快手账号的视频封面，其运营者均设置了风格统一的封面图片。

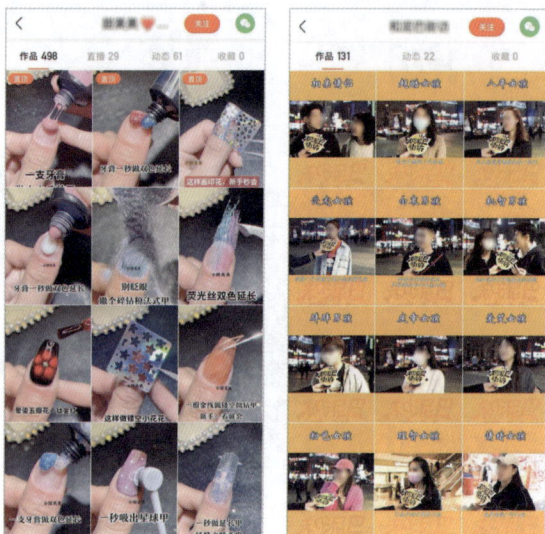

图1-48

2. 没有水印

在快手中最好不要使用有水印的图片。对于自媒体创作者来说，如果使用了他人发布的带有水印的封面图片，无疑是对他人版权的侵害，这在快手中也属于一种违规操作，会影响视频的推荐力度。因此，创作者在制作视频封面时要谨慎选用图片，注重原创性和真实性，不侵犯他人版权。

对于想要打造个人IP的创作者来说，使用自己的形象图片作为封面比较好，这既保证了原创性，又保证了真实性，还有利于让用户认识你。

3. 清晰度高

清晰度不够高的封面图片会让用户在观看视频时感觉到不舒适，降低用户对视频的期待程度。清晰度高的封面图片能够提升画面质感，增强画面的表现力，打造更佳的视觉效果。图1-49所示的封面图片就是正确示范，清晰的画面不仅能获得用户的好感，还对提高视频的完整播放率有帮助。

图1-49

4. 简单明了

封面图片上元素的多少能够衡量封面图片的好坏。封面图片上元素过多会影响封面图片的整体表达，在视觉上也会让人感觉很杂乱、没有重点。视频创作者应该尽量选择元素数量适中、简单明了的封面图片。大小适中、比例协调、谨守规则的封面图片可以瞬间增强视频画面的质感，提高视频整体的品位。

1.4 深度解析：用户属性与热门内容

快手到底是哪些人在用呢？这些人有什么样的特点？如果能对此有足够的了解，那么对运营者把握快手账号的内容定位会有很大的帮助。本节将详细介绍快手的用户属性，以及快手中的热门内容。

1.4.1 用户群体：用户属性全解析

根据 AppGrowing 在 2022 年 8 月整理的数据分析，快手的男性用户占比 55.8%，女性用户占比 44.2%，男女比例差别不是特别明显；用户以 31 岁以上人群为主向两端辐射，31～35 岁的用户居多，占比 29.6%，41 岁及以上用户占比最小，只有 6.6%；一线城市的用户占比最小，只有 9.2%，三线城市的用户占比最多，高达 22.2%，如图 1-50 所示。

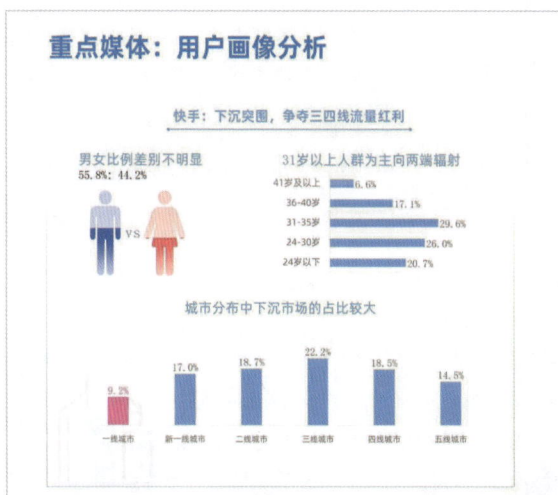

图 1-50

1.4.2 生活视频：方便实用要讲究

许多用户在快手"刷"视频时是抱着猎奇的心理的，那么哪种内容能够有效吸引到用户呢？其中一种就是生活小技巧类的内容。快手用户在"刷"到自己不知道但是很实用的技能时，会感到不可思议。这些技能包括的范围很广，既包括各种绝活，也包括一些小技巧。图 1-51 和图 1-52 所示为在生活中能用上的小技巧。

生活小技巧还包括制作抓娃娃"神器"、剪刀娃娃机等娱乐技能；快速点钞、创意堆造型补货等超市技能；剥香肠、懒人嗑瓜子、剥橙子等"吃货"技能；叠衣服、清洗洗衣机、清理下水道等生活技能……

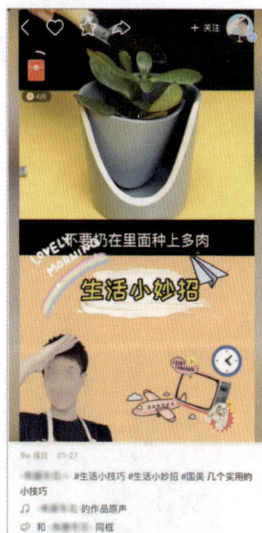

图 1-51

由于这类技能都是用户通过视频学习就能学会并运用的技能，且男女老少都能用得着，因此受众很广。与其他类型的视频不一样的是，用户在"刷"到生活小技巧类视频时会觉得新奇，从而进行收藏，甚至将视频转发至朋友圈。因此，这类视频只要实用，播放量就会非常高。

1.4.3　农村生活视频：真实自然最动人

在繁忙的生活中，人们偶尔需要一点儿时间来放松紧绷的心灵，跳出城市的喧嚣，去体验农村的质朴与宁静。因此，在快手发布与农村相关的视频，自然更容易获得点赞与关注。农村视频内容往往与农村生活、美景、美食挂钩，图1-53所示的账号发布的视频多为展示农村的日常生活。加上快手的用户很多居住在三四线城市，这类视频有着天然的优势，运营者不需要花费很多的心思去雕琢剧情或者使用高级设备进行拍摄，只要让画面保持真实、自然即可，过多的雕琢反而容易让这类视频失去吸引力。

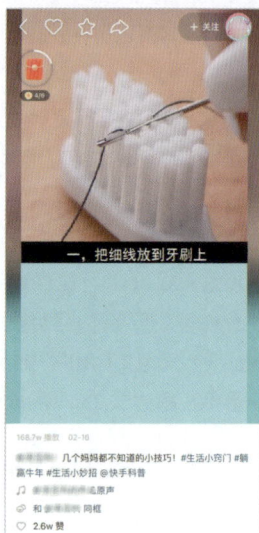

图 1-52

1.4.4　美食视频：重点展示色香味

在快手，分享美食的短视频也非常多。民以食为天，美食往往能在一瞬间治愈一个疲劳的灵魂。无论是美食探店类视频，还是美食制作类视频，都受到大量用户的喜爱。一个制作精良的美食视频往往能有上万甚至数十万的点赞量。图1-54所示的账号发布的视频内容主要为家常菜的制作教学，这类视频先通过垂涎欲滴的封面引导用户点开视频，再用详细且简单的步骤教导用户做菜，经常能获取上万的点赞量。

图 1-53

图 1-54

1.4.5　才艺视频：颜值想法要异化

在快手，有一批拥有才艺的高手。才艺不仅仅指唱歌跳舞，只要是自己擅长而很多人不会的技能都能称为才艺，如摄影、绘画、乐器、书法、手工、相声、表演等。在快手，常能在热门中"刷"到的才艺类视频有歌曲推荐、歌曲演绎、舞蹈、乐器展示、健身、魔术等。

快手中的一个音乐博主在直播中走红，该博主不仅唱歌好听，颜值高也是一个加分项。该博主的作品基本都是在直播间演绎的，她是一位拥有上千万粉丝的歌手。

该博主除了发布一些歌唱视频，也在陆续推出个人的原创作品，从默默无闻走到大众面前，获得了很多人的喜爱。图1-55所示为该博主的快手主页和视频作品示例。在快手，无论你是否拥有高颜值，无论你是名人还是素人，只要有专业的才艺，并坚持分享，就有机会被大家看到，被大家喜爱。

图1-55

1.4.6　知识视频：干货科普很不错

如果观看视频的同时能够获得一些知识，那么这类视频也会引起用户的兴趣。在快手，能够获得热门推荐的干货类视频包括分享职场知识、新媒体知识、生活类知识、操作类知识、素材推荐、个人成长经验等的视频。

许多人觉得英语这门学科学习起来很困难，也很难提起兴趣。而具有英语学习方面才能的人就可以在快手分享相关知识，如图1-56所示。该博主在视频号中分享一些英语知识，吸引了许多用户的关注。当该账号积累了一定数量的粉丝时，该博主就开设了一些线上课程，如图1-57所示。

图1-56

图1-57

1.4.7　游戏视频：记录过程加讲解

快手中游戏视频的主要受众是"90后"和"00后"，其中男性和女性用户的比例比较平衡。在游戏领域中，"王者荣耀"等热门游戏的相关短视频非常受欢迎。运营者除了直播玩游戏，还可以录制游戏视频，制作游戏教程、技术讲解。图1-58所示的账号便是通过录制游戏视频、制作游戏攻略类视频，吸引对此有需求的用户观看。

1.4.8　运动视频：运动健身全民追

传播极其广泛的"奥利给"一词就是被快手平台的某位博主带火的。在他因为"奥利给"出名以后，有不少人专门跑去看他游泳，还会拍摄短视频上传到快手中。

同时，快手的年度报告也指出，快手用户对运动健身领域的关注度极高，其中，篮球、跳绳、冲浪等运动项目在快手上都很受欢迎。图1-59所示的账号便是通过上传健身视频，号召用户一起健身。

1.4.9　搞笑视频：个人魅力成潮流

搞笑类视频和搞笑博主在短视频中一直很受欢迎，在快手中推荐率比较高的搞笑类视频主要有自制搞笑剧情、相声曲艺、搞笑影视片段等。在短视频平台中，用户可以自行拍摄各种原创的幽默段子，变身搞笑博主，获得大量粉丝的关注。图1-60所示为某搞笑博主自制的搞笑类视频，受到了很多用户的喜爱。

图1-58

图1-59

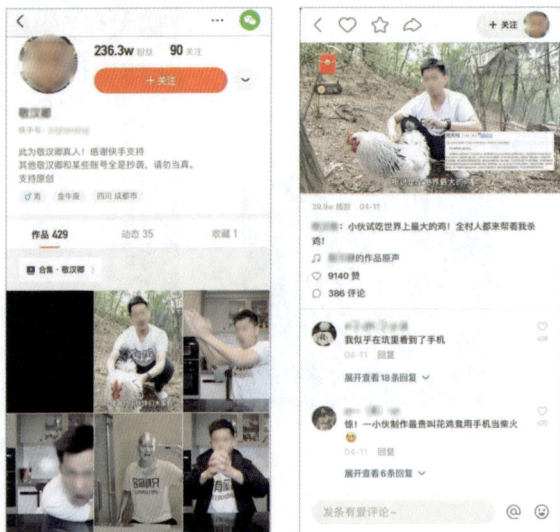

图1-60

快手中的大部分搞笑段子都来源于生活，与普通人的生活息息相关，用户在观看时会产生亲切感和代入感。除此之外，搞笑类视频的内容丰富多彩，包含面广，观众不会轻易产生视觉疲劳，这也是搞笑类视频一直受欢迎的原因之一。

1.4.10　萌宠视频：宠物日常解烦忧

萌往往和可爱这个词含义相近。所以，许多用户在看到萌的事物时，都会忍不住想要多看几眼。在快手中，萌宠、萌娃视频会吸引许多用户观看。

萌娃是一个深受喜爱的群体。萌娃本身就很可爱，而且他们的一些举止还会让人觉得非常有趣，所以萌娃视频能很容易地受到许多人的关注。

萌不是人的专有名词，小猫、小狗也很萌。许多人之所以养宠物，是因为觉得它们特别惹人怜爱。如果能把萌宠在日常生活中惹人怜爱、憨态可掬的一面通过短视频展现出来，也能吸引很多用户，特别是喜欢萌宠的用户来围观。图1-61所示的账号以宠物为拍摄主体，多以与宠物互动的画面为视频内容。

图1-61

第 2 章

账号定位：
从数亿人中脱颖而出

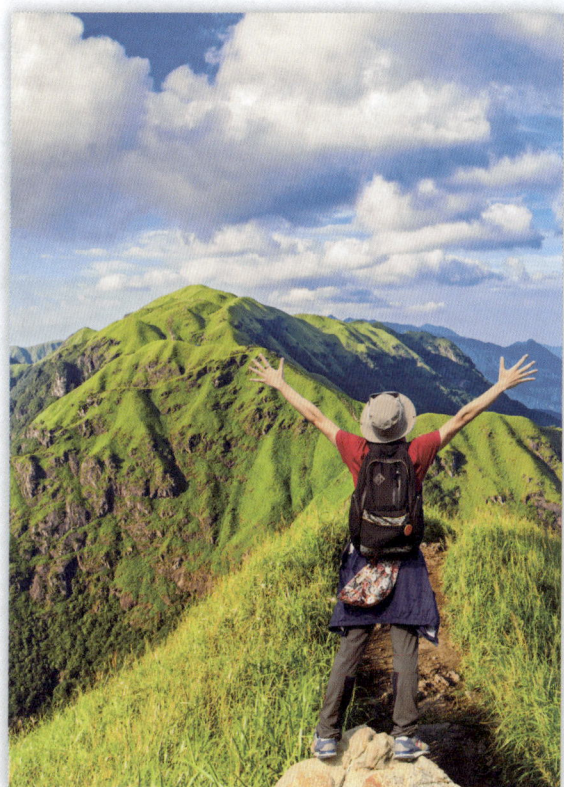

　　在做一件事之前先要找准方向，这样才能有的放矢。运营快手账号也是如此。目前市面上的短视频创作者数不胜数，想要运营好快手账号，在做之前一定要结合实际情况及自身优势找准定位。本章将从内容定位、优势定位、受众定位等方面来介绍账号定位的方法，并讲解信息设置和标签化的相关内容，以帮助大家做好账号定位，打造差异化优势。

2.1 内容定位：根据市场创作内容

持续火爆的快手账号，必然有优质的内容做支撑。只有内容足够出色，用户才会持续关注。所以，精心打造内容是一项非常重要的工作。运营者在做内容定位时，可以从以下4个方面考虑。

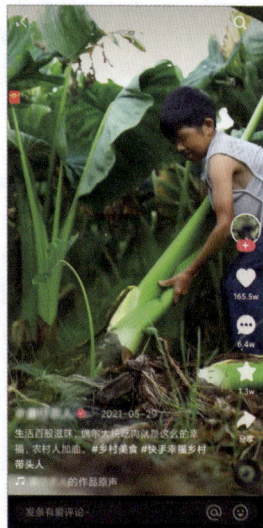

图2-1

1. 内容的选择

在制作一条视频之前，首先需要考虑的问题就是，做什么样的内容。内容定位对了，后续的努力才有意义。在确定视频内容定位时，运营者要认真思考两个问题：一是视频拍给谁看；二是如何满足细分人群的需求。想清楚了这两个问题，就可以着手进行内容的选择了。

在选择内容的过程中，运营者还应该注意两个方面：首先，必须选择自己擅长的领域，发挥自身优势是最明智的选择；其次，要善于在细分领域中寻找突破点，找准一个方向深耕下去，做到极致。

内容的选择可以参考快手的用户属性和热门内容，如居住在三四线城市的快手用户较多，故制作契合用户属性的短视频就比较容易获得平台推荐。图2-1所示的便是在快手中备受好评的短视频。

2. 内容的产量

运营一个快手账号是长期的工作，必须不断有新的内容产生。很多人在刚开始运营快手账号时，对于多久发布一条视频，是日更还是周更、节假日更不更新等感到纠结。其实，这一切都取决于运营者的能力和资源。

对于初创号来说，保持一定的更新频率是有益的，它可以让账号获得更多的曝光机会。但是数量必须建立在质量的基础上，无论选择哪种更新频率，保证视频的质量都是首要的。

3. 内容的稳定性

在有了一定的产量以后，运营者还要注意保持内容的稳定性。快手中的短视频多如牛毛，内容同质化是避免不了的。想要在快手中脱颖而出，强大的创新力是不可或缺的，只有维持不断创造的稳定性，才能保证内容的生命力。

4. 内容的调性

内容的调性就是指个性化表达。每一条短视频都应该有自己独特的属性。运营者在做内容定位时，要不断挖掘亮点，让亮点成为内容的核心标签，然后在制作过程中不断强化这个标签，让其融入视频，达到让人看到就能想到视频内容的效果。

例如，提到餐饮服务，人们就会想到海底捞，这就是一种标签。可见，一旦视频被赋予了某种个性化标签，就很可能从众多视频中脱颖而出。当视频火了以后，就可以借助标签进行一系列的商业活动。

所以运营者在做内容定位的时候，要深入思考，从以上4个方面寻找突破点，稳扎稳打，逐步积累粉丝，最终做出"爆款"视频。

2.2 优势定位：选取内容扬长避短

随着人们在短视频上花费的时间日益增多，且不断有新的短视频创作者出现，如果创作者想要自己制作的短视频脱颖而出，最初就应该做好账号定位，明确运营方向。本节将从自身优势和竞品分析两个方面进行讲解。

2.2.1 自身优势：进行差异化归纳

对于拥有特长的人而言，其账号定位非常直接、简单。快手账号运营者只需要对自己的优点、特长进行分析，然后选择自己最擅长或最具优势的一个方面进行账号定位即可。

例如，某手机摄影师将自己的快手账号定位为摄影类账号，并以自己的名字命名，图 2-2 所示为他的快手账号主页及视频作品示例。

再如，一个擅长唱歌的人可以在快手中分享唱歌视频，等积累了一定数量的粉丝后便可以认证为音乐博主。图 2-3 所示为快手中某音乐博主的快手账号主页及视频作品示例。该博主拥有好听的嗓音，其发布的视频获得了很多点赞、评论和关注。

自身优势包括的范围很广，除了摄影、唱歌、跳舞，还包括其他诸多方面，如游戏玩得精彩、化妆技术优秀等。这些优势都可以作为账号定位，这也是一种很好的账号定位方式，方便运营者持续输出优质内容。

图 2-2

2.2.2 竞品分析：在同方向找到不同

打开快手，搜索某个主题，同类型的作品数量可能多达数百个，而且不少作品对应的账号的粉丝数高达百万甚至千万。那么在这个现状下，新手想要快速火起来，首先需要分析拥有上百万粉丝、上千万粉丝的账号的视频内容，然后找到自己的特色，展现出与众不同的内容，即进行差异化定位。

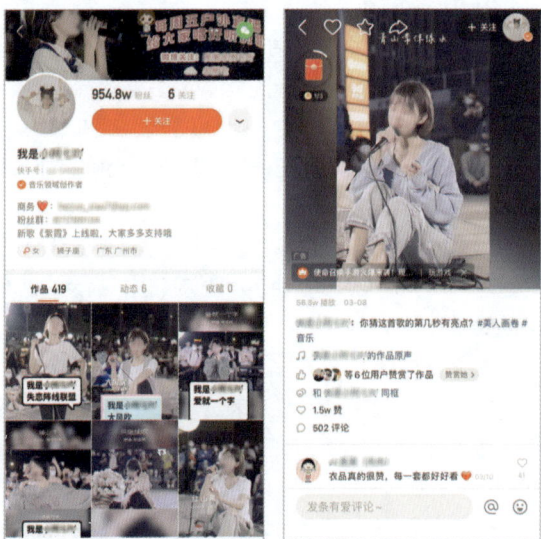

图 2-3

在快手内容日渐同质化的时期，唯有做出与众不同的视频才有爆红的希望。运营者可以从以下 3 个方面来实现差异化。

① 找准自己的视频定位，做好垂直内容，在一个领域不断追求创新，坚持学习新知识，打造比其他同类型账号更优质、更独特的视频。

② 分析同领域中其他账号的共同点，结合自身的优势，尝试在视频中融入同领域的其他账号中没有出现过的元素。例如某账号前期发布了很多类型的视频，如搞笑视频、教做菜的视频等，但是流量都

非常低。经历过失败与不断的总结，其创作者将"武侠"与美食融合在一起，打造出武侠中带点儿搞笑、搞笑中带点儿美食的视频风格，从而吸引了一大批粉丝，全网粉丝数突破800万。"武侠"的热潮虽已过去，但与美食结合在一起又带来了一种耳目一新的感觉，这种与其他美食视频相比更具特色的视频，吸引大量粉丝关注也是自然而然的事情。

③ 可以在背景、场地、道具、形象反差、口头禅、结束语、肢体动作等细节上与其他视频产生差异。每到视频结尾，某位美食博主都会说上一句"贫穷只是暂时的，记得按时吃饭"。凭此一句，无数用户从他的视频中感受到了生活的勇气，该博主也成功涨粉百万，其快手账号主页如图2-4所示。因此，自己制作的视频只要与同类型视频产生差异，账号就容易涨粉，容易被用户记住。

2.3　受众定位：对标目标用户的需求

图2-4

要想满足用户对短视频内容的需求，收获精准粉丝，就要建立用户画像。那么，什么是用户画像呢？简单来说，用户画像就是将一系列真实有效的数据抽象虚拟成一些粉丝模型，然后对这些粉丝模型进行分析，找出其中共通的典型特征，再细分成不同的类型。

例如，在一位应聘者的简历上包含了这样的信息：小珠，女，25岁，湖南人，硕士毕业，曾担任某公司人事经理一职。这些信息就是真实的数据。对招聘公司来说，将所有的简历信息放在一起，然后进行分析就能得出应聘者的画像。

在短视频运营中，运营者主要从以下5个维度来建立用户画像，明确受众定位。

1. 性别

性别是群体行为、偏好和需求等方面的基本影响因素之一。在不同的时代，男性和女性的喜好都存在一定的差异。在短视频运营过程中，运营者需要重视性别带来的影响。

2. 地域

在互联网环境下，地域是短视频运营者在建立用户画像时应该考虑的一个重要因素。一二线城市的快手用户观念更加开放，更愿意接受新鲜的事物和理念，而三四线城市的快手用户思想相对保守一些，更喜欢性价比更高的产品，所以运营者无论是在输出内容时还是后期变现时，都应根据用户的地域画像输出相对应的内容和产品。

3. 年龄

不同年龄的用户所关注的内容是迥然不同的。如果知道用户喜欢观看什么类型的内容，那么运营者根据用户的喜好来投放内容，就更容易获得用户的关注。

4. 教育背景

受教育程度越高的用户，对短视频内容质量的要求也会越高。而相应地，受教育程度高的用户与受教育程度低的用户相比，大部分人的消费能力会强于后者，所以运营者在进行建立用户画像时还需分析用户的教育背景。

5. 行业特征

对于用户的行业特征，运营者应该从以下两个层面进行考虑。

➲ 行业在用户身上烙印的痕迹，如生活习惯、思维方式等。

➲ 用户喜欢的行业具有什么特征。

运营者明确上述 5 个纬度后，即可建立用户画像，然后根据用户画像开展相关工作，如内容策划、视频拍摄、产品选取等。

大多数短视频创作者在进行创作时，都希望自己的作品能够受到用户的欢迎。因此，在明确受众定位后，创作者即可根据用户的需求进行账号定位。

随着人们生活水平的提高，越来越多的人会买汽车，但大多数人并不懂汽车，所以不知道应该如何选择一辆适合自己的汽车。因此，这类有买车需求的人都会对汽车类视频比较关注。在这种情况下，快手账号运营者如果对汽车比较了解，那么，将账号定位为汽车类账号就比较合适。

例如，某车评的快手博主在其他短视频平台本身就拥有很多的粉丝，再加上快手中对汽车类视频感兴趣的用户很多，因此，该博主入驻快手后，便将该账号定位为汽车类账号，并持续为快手用户分享汽车类视频。图 2-5 所示为该博主的快手账号主页及作品示例。

除了汽车，快手用户具有普遍需求的内容还有很多，美食制作便属于其中之一。许多喜欢做菜的用户，可以在快手寻找到一些新菜品的制作方法。因此，如果快手账号运营者自身就是厨师，或者会做的菜品比较多，再或者特别喜欢制作各种美食，那么将账号定位为美食制作分享账号就很不错。

"xx 美食"就是一个定位为美食制作分享的快手账号。在这个账号中，视频创作者通过视频来展示一道道菜品的制作过程，如图 2-6 所示。

图 2-5　　　　　　　　　　　　　　　图 2-6

由于该创作者在每条视频中都将菜品的制作过程进行了详细展示，再加上大多数菜品都是家常菜，做法简单，能够吸引很多快手用户，因此其发布的视频内容获得了较高的播放量和点赞量。

2.4 信息设置：体现账号差异性

明确快手账号的定位，只是玩转快手的第一步，想要更容易获得用户的关注，快手账号的名称、简介、头像、背景等，一个都不能忽视。本节将详细介绍设置账号信息的技巧，使账号"出圈"更加容易。

2.4.1 账号名称：加入亮点，加深印象

按照快手的规定，账号名称（即昵称）不能超过12个字符，一周内只能修改2次，如图2-7所示。快手账号的名称最好能够体现账号定位的特点，并且要通俗易记。

一个清晰明了的名称，不但利于用户记住你的账号，也可以帮助你为后期的宣传打下基础，获取更多粉丝和流量。接下来介绍4种取名的思路。

图2-7

1. 真名或艺名

如果运营快手账号的目的是打造个人IP，那么用真名作为账号名称是比较合适的。

快手账号的名称是不能重复的。从某种意义上来说，账号名称就如同商标一样，除了受保护的品牌，谁先注册谁就能先用。用真名或艺名的好处是可以提高辨识度，适用于需打造个人IP和已经有一定粉丝基础的视频创作者，因为对于有名气的视频创作者，其名字就是一个招牌，能够吸引更多的粉丝，提高人气。

2. 名称＋行业领域

用真名或艺名较适用于有一定影响力的视频创作者，那么没有粉丝基础的普通人则可以在名字后面加上行业领域。

使用这种取名方法的好处是可以给账号打上标签，用户一看账号名称，便可以了解其主要发布的视频内容。除此之外，还更便于垂直领域的粉丝对账号进行关注。例如，如果准备做美食领域的视频内容，则可以取名为"XX家常菜""XX美食""XX做饭"等，如图2-8所示。

图2-8

3. 在名称中加入数字

在名称中加入数字，可以起到强调的作用，同时能引发用户的好奇心。例如"十点XXXX""30秒XX官方账号""1分钟XX科普"等，如图2-9所示。

用户能够直接从"十点读书雅君"这个名称中判断出账号的动态发布时间，这个名称十分具有特点和辨识度，甚至还能达到培养用户按时观看视频的效果。

图2-9

再如"1分钟剪辑课"和"30秒懂车官方账号"这类名称，通过"1分钟""30秒"这样的字眼告诉用户，在很短的时间内就能看完视频内容、学到干货技巧，能够很好地吸引渴望利用碎片化时间学习的用户，并促使用户关注、点赞和分享。

4. 突出关键词取名

给快手账号取名，就像为一篇文章取标题一样，可以开门见山，直接点题。如果快手账号是旅游领域的账号，则可以结合"旅行"这个关键词，加上一个名字或形容词进行组合，如"不二旅行""到远方旅行"等，如图2-10所示。

图2-10

2.4.2 账号简介：介绍账号展现优势

快手账号的简介限制为255个字符，并且可以进行修改，如图2-11所示。账号简介是一个可以在很大程度上展现自己的通道，也是陌生人了解账号信息的重要渠道。在众多短视频平台中有无数的自媒体人，要想获得关注，获得流量，创作者可以在账号简介上下功夫。

账号名称不能乱改，头像也不宜随意设置，但是账号简介一定要灵活多变。账号简介的设置要遵循以下两个原则。

图2-11

（1）简单易懂、高度概括

简单易懂的内容能让用户快速了解账号。最重要的信息要靠前写，账号简介不宜超过100个字符，篇幅过大、过于凌乱会让人抓不住重点。正确的做法是先进行自我介绍，让用户在最短的时间内最直观地了解到创作者的基本信息。

（2）体现优势、陈述利益

体现优势是指展示自己在本专业领域的权威性，或者在某方面的过人之处，可以是荣誉奖项、证书等。陈述利益则指快手账号输出的内容能给用户带来什么样的价值，用户通过关注你的快手账号可以得到什么样的好处。图2-12所示为某快手账号的简介，通过这个简介，用户就可以知道关注该账号后能够获取实用的数学知识。

创作者可以遵循以上两个原则对自己的账号简介进行设置，如果觉得不合适进行修改即可。接下来介绍4种账号简介，并结合相关示例进行讲解。

图 2-12

1. 自我介绍型

在写自我介绍型账号简介时，创作者要把自己最有亮点的地方写出来。图 2-13 所示为某人文艺术领域创作者的简介。该创作者重点介绍了自己的学历及经历，也就是前文所说的亮点，从而吸引用户关注。

2. 提炼内容型

提炼内容指的是提炼账号视频内容，重点在于介绍账号提供的独特功能和服务，用一句非常通俗简单的话概括账号视频内容最精华的部分。图 2-14 所示为某动漫领域创作者的简介。

3. 强调用户型

强调用户型指的是强调快手账号的目标用户，从而形成一种社区效应。图 2-15 所示为强调用户型的账号简介。

图 2-13

图 2-14

图 2-15

4. 情感共鸣型

情感共鸣指的是在简介中写出能让用户产生情感共鸣的文字。图 2-16 所示为某博主的情感共鸣型简介示例。

快手账号运营者可以根据自身情况灵活运用以上 4 种类型的简介。如果还是觉得简介难写，建议多参考快手中其他粉丝数较多的账号的简介，根据他人的优秀简介模板结合自己的实际情况进行改写。运营者也可以适度美化简介，只要符合实际情况即可。这与找工作时制作简历是同样的道理，适度美化简介能够更加迅速地吸引用户的注意力。

图 2-16

2.4.3 头像和背景：突出账号，完善形象

头像是影响用户对账号的第一印象的重要因素，所以头像的设置一定要独特、清晰、醒目。

如果要修改账号的头像，可点击个人主页的头像框，如图 2-17 所示。点击"上传头像"即可在手机相册中选择新头像，如图 2-18 所示。

快手对头像的长宽尺寸并没有要求，因为在上传图片时，图片会被自动压缩，并以圆形框的形式进行展示。运营者在选取头像时要遵循以下两点要求。

（1）清晰自然，辨识度高

应该选择具备一定美观度的图片作为头像，不能使用截图、过于模糊或涉敏的图片作为头像；头像的背景要干净整洁，不宜过于杂乱；头像和背景要协调；图片可以适当裁剪，但是不能压缩和变形拉伸。

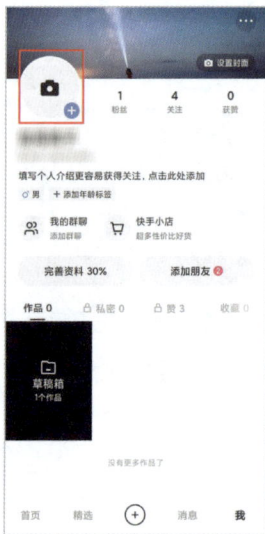

图 2-17

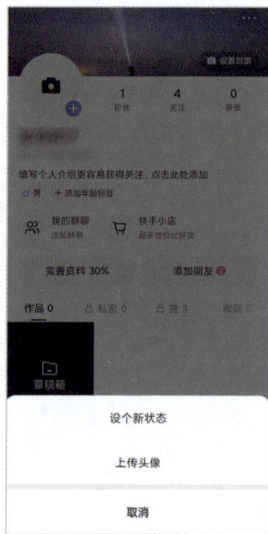

图 2-18

（2）贴近账号，风格统一

在设置头像时尽量不要选择与账号名和定位不相符的图片，例如，一个旅游领域的账号却用了美妆类图片作为头像。

对于企业账号来说，头像选择企业 Logo 或能体现企业标志的图案即可，如图 2-19 所示。对于个人账号来说，可以使用自己的形象照、艺术写真照等作为头像，这样会显得更加真实、有辨识度。真实的头像加上真实的创作内容，才能吸引真实的关注者。

除了名称、简介和头像这 3 个内容需要进行"精装

图 2-19

修",还有一个容易被忽略但同时可以好好利用的元素,即快手账号个人主页的背景图。

打开快手个人主页,上方的头图就是背景图,运营者可以把它当成一个以图片的方式展示自己的"广告位",在这里可以展示自己的专业形象,也可以引导用户关注。

背景图是为定位服务的,此处的定位指的是账号定位和人设定位。设置合理的背景图有利于用户快速了解账号和账号运营者,因此运营者在背景图中可以设置体现快手账号定位和人设定位的内容。图2-20和图2-21所示为快手账号背景图示例。

图2-20

图2-21

2.5 标签化:差异化与外显化

标签对于短视频平台来说,就相当于用户画像,短视频的标签越精准,短视频就越容易获得平台推荐,越容易被目标用户看到;用户可以通过标签搜索到自己想看的短视频。对于创作者来说,账号定位与标签的内容挂钩,即账号定位能决定标签的内容,而标签也能反映账号定位。做好标签化,能使账号更加突出。

本节将从内容标签与人设标签两个方面介绍创作者如何通过标签化使自己的视频更容易被推荐,并使自己的账号与其他快手账号形成差异。

2.5.1 内容标签:为内容打造标签

标签是重要的流量入口,创作者给短视频打上合适的标签可以大大增加其播放量。在给短视频打标签时,创作者要遵守以下4条原则。

1. 标签个数为3～5个

对于短视频来说,标签个数一般为3～5个,太少不利于平台的推送和分发;太多则会混淆重点,不利于将其推送给核心用户群体。

例如，某条智能产品评测类短视频的创作者为其选择的标签只有一个，即"评测"。这个标签涵盖的范围非常广泛，平台无法明确短视频属于"评测"领域下的哪个细分领域，因此它容易导致推送不精准。对于该条短视频，正确的标签应当包括"智能音箱""AI""上手体验"等，要尽量涵盖产品属性、分类、来源等。图2-22所示的短视频包含了3个标签，可能会被推荐给对动漫感兴趣的用户。

2. 核心要点要精准

标签一定要切合短视频内容，不能使用与短视频内容无关紧要、没有丝毫联系的标签。例如，如果是美食类短视频，其标签必然要属于"美食"这一范畴，如"美食""川菜""烘焙""午餐"等。

标签一定要精准，否则添加再多的标签也毫无用处。例如，明明是美食类短视频，其添加的却是"运动""游戏"等毫不相关的标签，这非但不会吸引用户，反而会招致用户的反感，甚至影响账号的垂直度和平台的推荐量。

图 2-22

3. 标签的范畴要合理

标签的范畴要合理，既不能过于宽泛，也不能过于细分。如果标签过于宽泛，短视频就容易淹没在众多竞品之中；如果标签过于细分，短视频的分发范围将会限定在过于狭窄的用户群体中，从而损失大量的用户群体。例如，"评测"这一标签就过于宽泛，而"蛋挞"这一标签则过于细分。

4. 合理地追热点话题

热点话题会吸引大量流量，因此各大短视频平台都对热点话题有流量倾斜。例如，每到国庆节、中秋节、开学季等特定节假日或时间点，很多短视频平台会开展短视频征集活动。因此，创作者在为短视频打标签时要合理地结合当下热点话题，以提高短视频的曝光率，使其获得平台更多的推荐。图2-23所示的短视频的发布日期为2021年6月6日，正是高考前夕，备受关注的高考话题为该短视频带来了不少的流量。

2.5.2 人设标签：为账号树立形象

每个短视频创作者身上都有自己的亮点，所以短视频创作者只需要找到自己的亮点，就会吸引到一批粉丝。因此，找到自己的优点、特长是确定人设的前提。下面简单介绍5个塑造人设的方向。

⊃ 形象或个性

在接触一个人的时候，第一印象就是根据其形象形成的，外貌、特征、穿着、造型等方面都能够给用户留下记忆。

⊃ 兴趣爱好

短视频创作者在塑造人设的时候，一定要选择自己感兴趣的方向，并且要有一定的经验，这样才能持续输出内容。

⊃ 结合自己的生活

短视频创作者在塑造人设时，还应该结合自己的生活，如生活环境和生活中的人等。快手中还有很

图 2-23

多情侣账号、夫妻账号以及视频博客式短视频账号，这类短视频创作者就是以生活为素材，用不同的方式分享和记录自己的生活的。

➲ 口头禅

口头禅是一个人的一种标志。对于短视频创作者而言，如果有一句口头禅，也容易给用户留下印象。口头禅可以放于视频开头作为开场语，也可以放于视频结尾作为结束语，具体可以根据实际情况安排。

➲ 正确的价值观

除了以上4个塑造人设的方向，短视频创作者还应该注意一个重要的方向，即正确的价值观。价值观是人认定事物、判定是非的一种思维或价值取向，简单地说就是人内心相信和坚持的东西。短视频创作者的人设所呈现的内容就是其价值观的体现。

虽然短视频时长较短，但是向用户展示的内容很多，人设标签的设置有很大的意义，短视频创作者们应在以上5个方面多花心思。

第 3 章

内容制作：形成扎实而稳定的内容创作能力

　　要想上热门，账号的内容很关键。内容优质的短视频更加容易获得平台的推荐，账号的粉丝黏性也会更强。在明确账号定位后，运营者便能围绕账号定位进行短视频制作了。本章将从短视频的制作流程、选题策划、撰写简要剧本、素材库的整理、短视频标题的写作、短视频文案的写作6个方面进行介绍，使短视频的制作更加简单。

3.1 流程化创作：方便批量化、稳定创作

想要成功运营快手账号，实现涨粉，提高视频播放量直至变现，运营者在每一个环节都需要付出大量的时间，好好准备，才能有备无患，实现目标。一般而言，一条快手短视频的发布需要经历6个步骤，如图3-1所示。

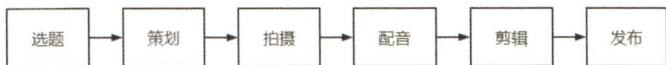

选题 → 策划 → 拍摄 → 配音 → 剪辑 → 发布

图3-1

3.1.1 选题

选题是指对视频内容的大致规划。在日常的内容运营工作中，选题往往是最关键、最难的一个环节。

一方面，选题在很大程度上决定了视频内容的效果；另一方面，选题这个环节最考验运营者的创意表达能力，以及对热点、用户喜好等方面的敏感程度。长期而言，选题要求运营者具有良好的知识、创意积累，是一项需要运营者投入较多精力的工作。

好的选题可以达到"四两拨千斤"的效果。好的选题可能会被不同的人多次演绎，但仍然能一次次获得成功。

3.1.2 策划

在选题环节，运营者明确了视频的大致规划，在策划环节，运营者则需要提供视频实现的路径，描述视频落地的细节。

1. 策划涵盖的模块

在策划视频时，运营者需要细化以下的模块。

➲ 拍摄道具：需要提前准备好拍视频需要的道具，以保证拍摄的顺利进行，获得理想的视频效果。

➲ 拍摄工具：根据拍摄视频的需要提前准备好拍摄工具，如实现一些拍摄镜头所需要的特殊设备或者App等。

➲ 拍摄场地：提前准备好拍摄场地，以免拍摄时被打扰。

➲ 灯光：考虑到拍摄灯光的要求，在拍摄前要提前调试好要使用的色调效果。

➲ 服装及妆容：对于演员的服装及妆容效果，要提前细化，确认效果。

➲ 演员：选择合适的演员，并提前安排演员的拍摄工作。

➲ 时间：掌控后期拍摄、剪辑等环节的节奏，保证视频能及时发布。

➲ 剧本：相关人员要熟悉剧本内容，特别是人物的台词、表情、动作等表演要求要提前与演员沟通好。

➲ 配音：配音的内容及效果要求要提前明确，如果现场采音效果不好，那么可以选择后期配音。

➲ 拍摄手法：在脚本中要明确视频片段采用哪种拍摄手法，如推镜头（通过摄像机前移或者变焦实现逐渐靠近目标的视觉效果）、旋转镜头（多角度展现目标对象）等。

➲ 后期要求：明确剪辑效果的要求，包括字幕等。

- ⊃ 上线素材：包括视频的封面、标题等。
- ⊃ 互动文案：指视频发布后，与其他抖音号、用户互动的文案。

2. 根据需要设置策划模板

运营团队可以根据团队及账号的特点，选择需要策划的模块组合成策划方案的模板。

例如，某些拍摄场景、演员、服装、拍摄手法已经固化，不需要对每条视频进行单独重新策划。有些运营团队已经提前确定好不同模块的负责人，如拍摄模块由摄影师负责把控、表演模块由演员自由发挥等。如果策划模板已经标准化，策划方案就可以相应简化，以提高效率。

3.1.3　拍摄

拍摄是获取视频素材的环节。好的镜头不仅能清晰地表达视频内容，还可以提升用户的观看体验。拍摄环节最基本的要求是画面清晰。

1. 基础：保持画面清晰

保持画面清晰要注意以下3个方面。

- ❏ 选择分辨率为1080P及以上

关于拍摄设备，在初级阶段，使用手机拍摄视频足矣，且非常便捷。在拍摄、输出视频时，分辨率最低要设置为1080P。如果对视频镜头有更高的要求，那么可以按照需要选取合适的拍摄设备，如单反相机、微单、DV、全景相机等。

- ❏ 灯光

在拍摄时，要尽量选择光照好的时间段，以免画面过暗或者曝光过度、产生噪点（噪点指画面上有的地方形成杂色的斑点）。如果有需要，可以使用合适的灯光设备，如闪光灯、补光灯等。

- ❏ 防抖

抖动的画面给用户的视觉体验非常不好，可以借助防抖工具使画面稳定。防抖工具有以下3种。一是常见的手机支架，使用简单。二是三脚架，但镜头一般是横向或者纵向移动。三是手持稳定器，即使边运动边拍摄，画面也相对稳定。

2. 良好体验：协调感及拍摄手法

想要给用户较好的视觉体验，则需要注意画面与配乐的协调、同步。

- ❏ 画面与配乐相协调

配乐的选择很重要，配乐表达的情感与画面要一致，否则会使用户产生冲突感。设置适当的节奏、恰当地卡点可以使画面与配乐更协调。

- ❏ 视听同步

画面和配乐都是内容表达的形式，前者是用户通过视觉感知的，后者是用户通过听觉感知的。二者应该在同一时间指向同一事物，使用户听到的就是见到的，实现视听同步。

3.1.4　配音

配音包括后期录制人声、添加背景音乐等，需要注意，应该先选好背景音乐再去拍摄视频，而不是拍完视频再选择背景音乐，背景音乐与视频内容的契合度越高，用户的观看体验就会越好。如果先拍视频，那么寻找与视频契合度高的背景音乐会很麻烦。

下面是提升配音效果的方法。

1. 使用平台热门音乐

快手自身有一个供用户使用的强大音乐库，如图3-2所示。它不仅减轻了用户制作短视频时的配乐负担，还是用户拍摄视频的灵感来源。其中包括许多精彩曲段，用户可以放心使用。选择平台上的热门音乐也是蹭热点的方式之一。

2. 处理好独一无二的原创配音

对于自己录制的配音，一定要尽量处理好，要保持声音清晰，不要出现噪声、声音过高或者过低的问题，要与画面、嘴型保持同步，使用户听得流畅、看得舒服。

3. 卡准点

卡点视频受欢迎，正是得益于配音与画面的高度契合，让视觉和听觉更加协调。音乐节奏和视频内容脱节，会让观众体验不佳，这种情况应该避免。

图3-2

4. 契合调性

配音与人物个性、画面、表达内容都需要契合调性。

5. 让声音有辨识度

具有辨识度的声音可以使用户对账号的印象更加深刻，图3-3所示账号的相关视频中因为使用方言而令人印象深刻。

3.1.5 剪辑

视频素材拍好后，便可以对素材进行剪辑，从而获得视频成片。

图3-3

1. 剪辑的工作流程

在拿到所有素材后，剪辑工作便开始了。剪辑的工作流程如图3-4所示。

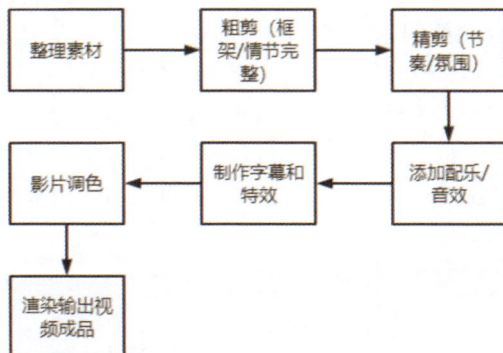

图3-4

2. 剪辑技巧

添加封面：在视频开头使用风格统一的主题封面，能提升用户的体验，一方面可以将主题展示给用户，使用户能更好地理解视频的内容，另一方面在账号的主页能形成一个"目录"，方便用户选择视频观看。

添加字幕：字幕可以增强视频的可读性，让粉丝易于理解；在使用字幕时要注意字体的颜色、大小以及位置，不要被界面中的按钮和文案遮挡。

使用剪辑手法：使用特殊的剪辑手法可以增强画面感，例如变格剪辑手法，即在组接画面素材时故意剪掉某些动作过程，使得视频中动作变化幅度加大，这是一种渲染情绪和气氛的常用剪辑手法。

使用特效：在视频素材中加入转场特效、蒙太奇效果、三维特效、画中画、多画面效果等，可以让画面更具有质感，但同一条视频中不要加入太多特效以免让观众眼花缭乱。

3.1.6 发布

发布视频是短视频制作流程的最后一步，但运营者也不能马虎。

1. 发布前编辑

发布前，运营者需要对视频进行最后的编辑，这主要是指撰写标题、选择封面。发布界面如图3-5所示。

❏ 撰写标题

好的标题很重要，运营者在撰写标题时可以从以下两个方面考虑。

↪ 是否对用户看完整条视频有影响，好的标题更能吸引用户完整观看整条视频。

↪ 标题文案处于快手平台的监控之中，若涉及敏感词会影响视频的发布效果。

❏ 选择封面

运营者在选择封面时应该选择具有代表性的画面，以使用户更容易理解视频内容。

图3-5

2. 发布后如何促进流量增长

发布后，运营者一定要对视频进行检查，除了在个人主页中看视频能否正常播放、标题是否正常显示，还要用其他人的账号检查视频是否正常发布了。

在视频正常发布后，做好以下工作可以帮助视频获得更多的流量。

↪ 积极回复评论：在视频刚发布后，当用户在评论区留言时，运营者一定要快速地反馈，使得视频的活跃度提高。

↪ 去其他账号的视频中留言：当在其他热门视频中留言的时候，可能有用户会点进评论人的个人主页进行查看，从而实现引流。

3.2 选题策划：为"爆款"视频奠定基础

选题策划是制作短视频很难绕开的一个话题。前期搭建好选题的框架以及做好内容规划，不仅可以保障有源源不断的视频输出，增强粉丝的黏性，而且更容易打造出精品内容和"爆款"视频，吸引更多精准的用户，并将其转化为粉丝。

3.2.1 原创选题：突出内容稀缺性

蹭热点的视频可以火一时，但模仿、抄袭式地蹭热点，即使运气好也只能让单条视频火爆，根本不会实现长期的、大量的粉丝增长。快手中的视频数不胜数，同质化太严重的内容会让用户找不到内容的独特点，重复的内容甚至会引起用户的反感。因此，运营者想在快手中做大做强，就必须坚持原创，在输出优质内容的同时与其他账号进行区别，从而吸引更多用户关注。

短视频选题大致可以分为14类，如图3-6所示，运营者可以根据账号定位来确定选题。选题就是选择赛道，不同赛道有着不同的天花板（能获取的最大的粉丝量、变现值）和运营机制。运营者选择合适的选题类别再加上个人特色，即能确定优秀且独特的原创选题。

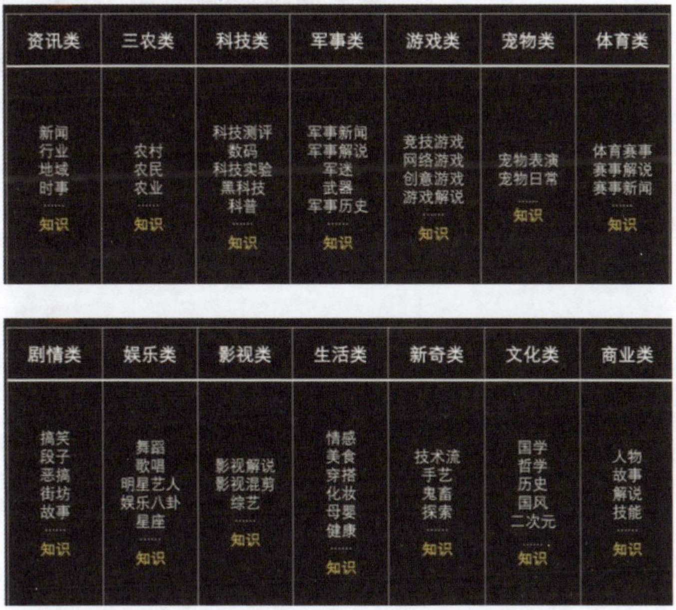

资讯类	三农类	科技类	军事类	游戏类	宠物类	体育类
新闻 行业 地域 时事 知识	农村 农民 农业 知识	科技测评 数码 科技实验 黑科技 科普 知识	军事新闻 军事解说 军迷 武器 军事历史 知识	竞技游戏 网络游戏 创意游戏 游戏解说 知识	宠物表演 宠物日常 知识	体育赛事 赛事解说 赛事新闻 知识

剧情类	娱乐类	影视类	生活类	新奇类	文化类	商业类
搞笑 段子 恶搞 街坊 故事 知识	舞蹈 歌唱 明星艺人 娱乐八卦 星座 知识	影视解说 影视混剪 综艺 知识	情感 美食 穿搭 化妆 母婴 健康 知识	技术流 手艺 鬼畜 探索 知识	国学 哲学 历史 国风 二次元 知识	人物 故事 解说 技能 知识

图3-6

在这些短视频的赛道中，剧情、娱乐、影视、生活、商业类占比较大，也比较容易出现一些头部资源大号，这些类别的视频能解决大部分人工作中遇到的问题和生活中的消遣问题。短视频中有两个比较特殊的领域，分别是财政和健康领域，对于这两个领域的创作者，各短视频平台都会要求其有相关领域的资质才能进行内容创作。例如财政领域的创作者要有证券从业资格证等，健康领域的创作者要有三甲医院及以上的医生资质。所有类别的短视频有一个共性，就是可以将内容知识化，用知识价值的传递来进行内容的输出和传播，即内容便是价值，内容即是产品。

3.2.2 "爆款"选题：高效助力上热门

相比于普通选题来说，热点话题因为原本就拥有一定的受众基础，往往更能抢占流量高地，所以借助热点选题来实现引流涨粉，是很常用且十分有效的一种方法。

例如，随着北京冬奥会的举办，吉祥物冰墩墩迅速霸屏网络，一举成为"顶流"，风靡一时。此时，快手账号运营者就可以顺势通过创意联动冰墩墩的方式来实现快速涨粉，如图3-7所示。

图 3-7

由此可见，蹭热点是一种非常便捷且易见成效的方法。下面介绍一些寻找热点的渠道。

1. 快手热门榜单

打开快手，进入首页，点击右上角的放大镜搜索按钮🔍，可以看到"快手热榜""直播榜""购物榜""品牌榜"等各类热门榜单，如图3-8所示。

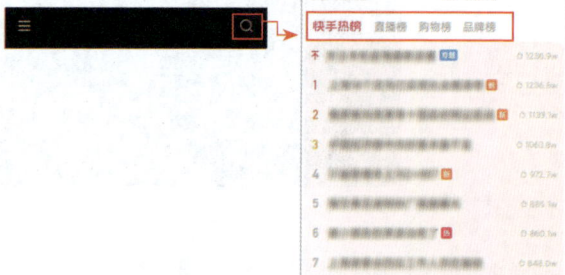

图 3-8

2. 各大平台的热门榜单

运营者还可以关注各大平台的热门榜单，如微博热搜、百度热搜、头条指数、知乎热搜等，如图3-9所示。掌握热点话题，熟悉热门内容，然后选择合适的角度进行选题创作和内容生产。热度越高的内容，用来作为选题，就越容易引起用户的观看兴趣。

图 3-9

3. 第三方平台

很多第三方平台专门做快手的数据分析，如飞瓜数据、新榜、新快等。这些第三方平台会提供很多热门素材：视频、音乐、话题、评论、热点等。运营者可以根据6、12、24小时；3、7、15、30天等分类查找热门素材，以判断出更符合用户喜好的内容选题。灰豚数据的页面如图3-10所示。

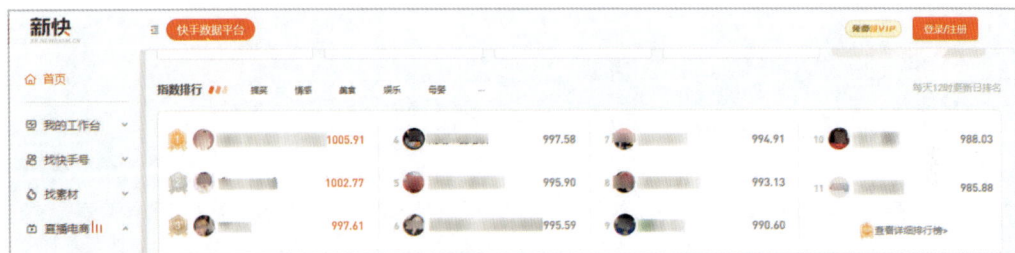

图 3-10

3.2.3 选题原则：保持正能量价值输出

运营者在确定短视频选题的时候一定要遵循以下4个选题原则。

1. 内容有创意，注重价值输出

选题内容要有创意，创意是比较抽象的概念，只可意会不可言传。因为不同运营者确定选题的角度和侧重点各不相同，所以创意并没有统一的标准和框架。不过通过分析"爆款"短视频不难发现，它们的选题有一个共性，那就是内容新颖、独树一帜，如图3-11所示账号。但是创意有时很难模仿，所以运营者只能学习其创作思路和创意点。

另外，运营者也要注重选题内容的价值输出。有一定价值的选题内容，能够激发观众的点赞、收藏和转发等行为，达到裂变传播的效果。

2. 以用户为中心，保证垂直度

目前，短视频行业的竞争越来越激烈，用户对短视频的要求也越来越高。所以运营者一定要注重用户体验，以用户为中心确定选题，选题内容切不可脱离用户需求。在策划短视频选题时，运营者要优先考虑用户的喜好和需求，这样才能最大限度地获得用户的认可。

3. 侧重用户互动性、参与性

在策划短视频选题时，运营者要尽可能选择一些互动性强的选题，尤其是热点话题，其受众关注度高、参与性强。这种互动性强的短视频也会被平台大力推荐，从而增大其播放量。

4. 弘扬正确的价值观，把握选题节奏

短视频想要获得有效的推广，就必须弘扬健康向上的价值观。真正弘扬正确价值观的短视频才能在短视频平台上得到更好的推广位置。对于用户而言，充满正能量的短视频才能获得其认可。运营者一味为了短暂的"人气"而做出"擦边"的行为，只会缩短账号的生命周期。

图3-11

想要让短视频账号持续健康发展，运营者还要把握选题节奏，因为社会是在不断发展的，用户的需求也随之不断改变。短视频的选题也必须适应这种变化，使用户能更好地接受选题内容。

3.2.4 选题维度：做好充足准备

运营者在确定短视频选题的时候需要考虑到以下5个维度。

1. 频率

选题内容是否高频率地满足用户的需求？换言之就是选题内容有没有契合目标用户群体普遍关注的话题？只有选题内容契合用户的高频关注点，短视频才能获得更多的播放量。

2. 难易程度

运营者还应该考虑选题确定后短视频制作的难易程度，自己或者团队是否有能力支撑选题背后的内容生产和内容运营。选题的内容及形式都是运营者需要仔细考虑的问题，用户对短视频质量的要求只会越来越高。

3. 差异

不论是哪一种类别的选题或者哪一种话题，在短视频领域都有着不少的竞争账号，甚至一些垂直细分领域已经有了不少头部大号。因此运营者需要考虑如何与其他竞争账号形成差异，便于用户识别。

4. 视角

选题的视角关系到视频带给用户的感受。例如拍摄体育赛事时，运营者需考虑是以运动员的第一视角、裁判的第二视角，还是观众的第三视角来呈现短视频。对于不同的选题，运营者要根据实际情况变换视角。例如，拍摄一部旅游vlog，以第一人称拍摄与以第三人称拍摄的视频的观看体验是完全不一样的。以第一人称拍摄的视频更具备沉浸感，其内容重点在于呈现美景与人文风貌；而以第三人称拍摄的视频比第一人称拍摄的视频更具趣味性，其内容重点在于呈现拍摄者在旅游过程中的经历。选题内容呈

现的角度不同，带给观众的感受就有很大的区别。

5. 行动成本

行动成本主要是指用户在接收到选题内容之后做出相应动作的成本。用户要能一眼就知道选题内容是不是自己需要的，要能一学就会。选题内容只有能真正满足用户的需求，才能触发用户的更多动作，如点赞、评论、转发等。

3.3　简要剧本：事先设定镜头与台词

短视频要内容好才容易火。想要拍摄好的内容，就必须有好的剧本，而不是随意想到什么便拍什么。短视频时长很短，如果没有一个好的剧本，很难表达出质量好且完整的内容，自然也就难以吸引观众。好的内容都是需要剧本并好好策划拍摄的，如演员怎么演绎、剧情怎么安排、怎么设置反转等。运营者应多研究"爆款"短视频的剧本，以提高剧本的创作水平。

3.3.1　搭建框架：确定故事基本方向

在写剧本前，可以先创作脚本。脚本是视频的拍摄大纲，可以用来指导视频拍摄和后期制作，有利于运营者统筹全局。与剧本不同，脚本决定短视频拍摄的方向。确定故事发生在什么地点、什么时间，有哪些角色，角色的对白、动作、情绪的变化，等等，这些细化的工作都是需要在剧本中清楚地确定下来的。短视频虽然时长短，内容也相对简单，但是拍摄制作时大多也离不开脚本。短视频的脚本大致可以分为3个类别，即拍摄提纲、分镜脚本和文学脚本。

1. 先写重点：拟写拍摄提纲，列举拍摄要点

拍摄提纲一般是指短视频的拍摄要点，可以避免拍摄一些不容易掌控和预测的内容，但在大多数情况下，它只对拍摄内容起到提示作用。拍摄提纲一般包含以下5个部分。

- ⊃ 选题阐述：明确视频选题、主题和立意，以及创作的主要方向。
- ⊃ 视角阐述：阐明表现事物的角度，明确作品的切入点。
- ⊃ 体裁阐述：阐述不同体裁短视频的创作要求、创作手法和表现技巧。
- ⊃ 风格阐述：决定创作环境、情感基调、视频的色调影调、构图、用光安排等。
- ⊃ 节奏阐述：外部节奏和内部节奏要如何把握。

2. 再写细节：分镜脚本凸显创作细节

分镜脚本相当于整个视频的制作说明书，内容十分细致，包括每个镜头的长度，每个画面的细节。分镜脚本的创作过程就是把视频情节翻译成镜头的过程。分镜脚本让每一帧画面都在运营者的掌控之中，看到它，运营者的脑子里就会像看到真正的视频画面一样。相比于拍摄提纲，分镜脚本要详细得多，可以作为前期拍摄的脚本，也可以作为后期制作的依据，甚至还可以作为视频长度和经费预算的参考。分镜脚本一般用于故事性较强的短视频。

分镜脚本主要包括镜号、画面内容、景别、拍摄技巧、时长、机位、音效等内容，如表3-1所示。

表 3-1

镜号	画面内容	景别	摄法技巧	时长	机位	歌词	音效	备注
1	城市夜景(以光谷为例)	远景	摇镜头	9s	固定机位	(前奏)		
2	男生坐在床上,把头深深埋进了膝盖里,月光打在他的身上,他显得很落寞	特写	固定镜头	8s	侧前方	夜深了 我还为你不能睡		
3	床头柜上的闹钟显示现在为凌晨4点多	全景	以闹钟为前景,男生在镜头里虚化	7s	正前方	黎明前的心情最深的灰	指针轻动声	
4	男生手上拿着一张女生的照片,不知所措,看得深沉,笑得无奈	特写	从手部慢慢推到照片	8s	正前方开镜头	左右为难的你 不知怎样去面对		
5	男生慢慢抬起头,侧过脸,盯着床上到处散落的照片,一张一张都是回忆	中景	从中景慢慢拉到全景	7s	侧前方	我能做的 只剩沉默 体会		
6	男生拿着相机在街上拍照	远景	固定镜头	8s	正前方	爱情是让人沉溺的海洋		
7	切到镜头5	全景	移镜头,从侧后方移到侧前方	8s	侧后方	孤单的时候 想要去逃亡		
8	切回到男生拿着相机转身准备拍摄其他的地方	全景	固定镜头	4s	男生侧后方	转身的一瞬间		
9	女生戴着耳机,拿着MP4安静地坐在椅子上,好像在哭,许是被感动了	远景	以第一视角平拍		正面	你出现在我身旁		
10	女生在哭	中景	俯拍	2s	侧面	你的眼泪		
11	男生站在女生远处想要去安慰,却不知如何开口	中景	移镜头	4s	男生正面	让我不敢开口讲		
12	女生擦着眼泪从男生身边走过	中景	固定镜头	4s	男生后方	我想大声告诉你		

3. 最后开拍:文学脚本理清创作思路

文学脚本是指将各种小说或者故事改版成方便以镜头语言来完成的一种台本,如电影剧本、电影文学剧本等。它不像分镜脚本那么细致,一般比较适用于故事性不那么强的短视频,如vlog、美食探店和好物分享类视频。

文学脚本只需要明确人物需要做的事情、所用的拍摄法巧和方案即可,如表3-2所示。

表 3-2

晨跑活动	画面:晨跑过程 运镜:固定镜头	文案:学校的书店就在对面,刚好去买本书
	画面:晨跑休息 运镜:固定镜头	
清晨闲逛	画面:在路上闲逛 运镜:固定镜头	文案:第一次来学校的书店,原来幸福就是冰激凌
	画面:路途风景 运镜:固定镜头	
	画面:购物经历 运镜:固定镜头	
	画面:路途经历 运镜:固定镜头	
返回家中	画面:开门回家 运镜:固定镜头	文案:回家第一件事是开空调……;有袋子就要钻,吓唬你!
	画面:家中活动 运镜:固定镜头	
	画面:宠物活动 运镜:固定镜头	
……		

要想写好文学脚本，运营者需要注意以下4点。

（1）做好前期准备。前期准备包括很多方面，大致如下。

- ⊃ 框架搭建：明确拍摄主题、故事线索、人物关系、场景等。
- ⊃ 主题定位：故事背后有何深意？想反映什么主题？运用哪种内容表现形式？
- ⊃ 人物设置：需要多少人物出镜？这些人物的任务分别是什么？
- ⊃ 场景设置：是室内拍摄还是室外拍摄？
- ⊃ 故事线索：剧情如何发展？
- ⊃ 影调运用：根据所要表达的情绪配合相应的影调。
- ⊃ 背景音乐：选择符合主题的背景音乐。

（2）确定具体的写作结构。创作者在写文学脚本时，一定要先拟定一个整体框架。文学脚本的整体框架以"总分总"的结构居多，这样可以让短视频有头有尾。开始的"总"是表明主题，在短视频开头的3～5秒就要表明主题，如果超过5秒，观众还不知道短视频的主题，很有可能会选择离开，影响短视频的完播率；"分"是指详细叙事，用剧情来表达短视频的主题；最后的"总"是指结尾总结，重申主题，以引发观众的回味及思考。

（3）人物设定。人物的台词要简单明了，能够体现人物性格和情节发展即可；若台词过长，观众观看视频会比较吃力。除了台词以外，人物相应的动作和表情也会帮助观众体会人物的状态和心理。

（4）场景设定。场景可以起到渲染故事情节和主题的作用。场景一定要与剧情相吻合，而且不能使用过多。

3.3.2　填充内容：补充剧本六要素

一个完整的剧本包含了以下6个要素。

- ❑ 运镜：常见的运镜方式有推拉镜头、摇镜头、移镜头、跟镜头、升降镜头、旋转镜头等，具体使用技巧会于第4章进行详细介绍；在撰写脚本时，我们需要说明拍摄素材时使用的运镜方式。
- ❑ 景别：景别分为全景、远景、中景、近景特写，我们在创作脚本时需要说明要使用哪些景别。
- ❑ 内容：视频内容要符合账号定位，保证垂直度；短视频时长虽短，但一定要表达出完整的内容，如果短视频内容不完整，用户看不懂，短视频就很难获得用户认可；在保持内容完整的同时，为了提高完播率，最好在短视频前3秒放置精彩的内容，以勾起用户继续观看的兴趣。
- ❑ 时长：短视频时长一般为3分钟以下，15秒左右居多；创作者在创作剧本时要充分考虑短视频时长，在规定的时长内填充完整的内容。
- ❑ 台词：短视频脚本台词贵在精而不在多，要做到用最少的字推动剧情发展；如果脚本台词较多，则需要演员加快念台词的速度，从而控制视频时长。
- ❑ 道具：在短视频拍摄过程中使用各种小道具能够丰富场景，或在转场时灵活使用道具能为视频增色不少。

3.4　专属素材库：为高质量输出做准备

素材的积累不是短时间内的任务，而需要日积月累、不断沉淀，做到能在灵感出现时快速找到相对应的素材，迅速制作出高质量的视频。本节将从素材收集与保存选题两方面进行介绍，为实现创作灵感打好基础。

3.4.1 素材收集：创建渠道与内容

运营者可以通过以下渠道收集素材，以不断丰富选题库。

（1）视频App内容。随着短视频平台和关注用户不断增多，各类视频App（如抖音、快手、美拍、秒拍、西瓜视频等）上的内容种类繁多，涉及人们生活和工作中各个方面，这些App上的短视频可以启发短视频创作者的灵感。通过参考热门内容，创作更符合自己账号标签的内容，也可以起到为短视频账号"吸粉"引流的作用。

（2）视频网站内容。除了短视频App以外，视频网站上也有大量不同类别的视频，如爱奇艺、腾讯视频、优酷视频，图3-12所示等视频网站上的视频内容都可作为创作短视频并用来剪辑加工的视频素材。在剪辑视频内容前需要获得版权方的授权，此时可以给版权方发送邮件提议帮助作品宣发并请求授权。因为部分视频内容版权并非为视频网站所有，所以请求授权前要查清作品版权方。

图3-12

（3）经典影视片段。一些受大众喜爱的影视剧中的经典桥段或台词往往让人回味无穷，发人深省，给观众留下深刻的印象。短视频创作者可以从这些影视剧中剪取部分片段，加上自己的感悟和观点，作为创作短视频的内容素材，这样打造出来的短视频更具特色。影视片段同样需要获得作品版权或者被版权方委托宣发后才能进行剪辑，此时可以向影视出品公司发送邮件请求授权或购买版权，也可以到有影视片段授权的网站下载视频使用。

（4）自己拍摄视频。运营者平时细心观察，挖掘与人们生活息息相关的衣食住行等各领域的内容，随时拍摄记录，勇于尝试，不断试错，一边不断提升自己的拍摄技术，一边积累创作短视频的素材。

当然，建立素材库这一项工作并不是一蹴而就的，而是需要日积月累的，所以运营者要广泛地、不限类型地收集素材。

3.4.2 保存选题：为灵感加把劲

运营者建立选题库可以更好地持续生产内容，选题库一般分为以下3种。

1. "爆款"选题库

运营者应关注各大热播榜单，如抖音热搜、微博热搜、头条指数热搜、百度指数热搜，以及第三方平台的各类热度榜单，掌握热点话题，熟悉热门内容，选择合适的角度进行选题创作和内容生产。热度越高的选题，越能激发用户观看的兴趣。

2. 活动选题库

对于活动选题库，运营者可以提前布局，选择端午节、中秋节、国庆节、春节等大众关心的节日话题。另外一个活动选题来源是各大短视频平台，平台会不定期地推出一系列活动选题，例如大鱼号的夸克知识，运营者根据自身的情况参与平台话题，以得取流量扶持以及现金奖励。

3. 常规选题库

日积月累很重要，不管是对身边的人、事、物，还是每天接收到的信息，运营者都可以通过价值筛选来将其整理到自己的常规选题库中，还可以通过专业性和资源性筛选来将其整理到自己的常规选题库中。

3.5　标题写作：写得好才能吸引用户

图3-13展示了某个快手短视频的标题，标题是短视频的一个重要组成部分。一条短视频能不能被准确地推荐给感兴趣的人群，用户是否愿意点进来观看这条短视频，很大程度上都取决于标题写得够不够好。那么，一个好的标题都有些什么特点，如何才能写出一个好标题，其中又有什么规律可循，这些都是运营者必须要思考的问题。

图3-13

3.5.1　短视频标题的特点

标题写得好，能很好地激发用户观看短视频的欲望。一个好的标题，经常具备以下4个特点。

1. 字数少

快手短视频的标题一般是15～20个字符，展现在手机界面上就是1～2行，最多不超过3行。因为标题太长，文本挤在一起，会影响视觉效果，也不方便用户获取重要信息。

2. 口语化

在快手短视频的标题中，书面化的语言很少，一般多使用口语化的词汇，以符合聊天的特征，给人一种拉家常的情景感。所以用户经常可以在标题看到诸如"你学会了没""避雷""你知道吗"这些特别接地气的词汇。

3. 句类丰富

快手短视频的标题使用的句子类型非常丰富，陈述句、疑问句、祈使句、感叹句等都很常见，甚至还有组合使用的，如感叹句加疑问句、陈述句加疑问句等。例如我们常见的美食类短视频的标题："豆腐这样做，简单又下饭，你学会了没？"

4. 精简

快手短视频的标题一般都是简明扼要、直抒胸臆的。例如，"小个子穿搭避雷指南"这个标题就直接告诉用户这条短视频讲的是什么。因为快手的短视频演示是类似于信息流的形式，对内容不感兴趣的用户看一眼就不会再看了，他们没有时间仔细查看标题信息，因此标题不能过于复杂，一定要简明扼要，将重要信息直接传达给用户。

3.5.2　短视频标题的创作手法

无论做什么，使用好的办法往往能达到事半功倍的效果，标题写作同样如此。下面分享10种标题类型。

1. 快速实现型

偷懒、寻求捷径的心理总是难免的，所以一旦发现省时省力、容易实现的方法，人们总是很乐于去了解。而这类标题中往往还会加上"只要""只需"这样的词汇来加以强调，或者用"3步教你……""3分钟（天）学会……"这样的句式。

❍"新号7天1万粉只需3步，做不到你来找我"

❍"10天健身计划，轻松拥有健美身材"

这类标题用"很容易实现"这个诱惑点来吸引用户，只要用户好奇到底是什么办法，到底要怎么做，就会点击并观看短视频。这类标题一般在种草类和知识技术分享类短视频中用得比较多。

2. 共情共鸣型

在标题上刺激、唤起用户的某些情感需求，令其产生情感共鸣，满足用户在情感上的需求。这类标题如果能触动用户，令用户代入自身的经历，唤起用户感性的一面，不仅能吸引用户观看短视频，还能提高视频的互动率。

❍"这是所有人都羡慕的爱情吧"（见图3-14）

3. 直击痛点型

在标题中直接点出用户的痛点，吸引用户点击并观看短视频，然后在短视频中对痛点进行解读，可以刺激用户评论、转发短视频。

❍"婆媳之间发生矛盾，儿子应该向着谁？"

这个标题直接提出了一个很多用户普遍都很关心的问题——婆媳矛盾。无论是正处在婚姻当中的用户，还是马上要步入婚姻的用户，又或是妈妈婆婆辈的用户，都多多少少会对这个话题感兴趣，因为大多数家庭都会面临这个问题。所以这样的标题不仅可以提高短视频的完播率，还可以刺激用户评论和转发视频。

图3-14

4. 怀疑肯定型

在标题中提出怀疑，引导用户带着疑问去观看短视频，然后在短视频当中给出肯定的答案。

❍"牛魔王竟然打败了孙悟空？"

众所周知，牛魔王是打不过孙悟空的，看到这样一个标题，用户就会怀疑或者好奇这是不是真的，所以用户会带着这个怀疑或好奇的心理，看完这个短视频。

5. 高占比参考型

"99%的人都不知道……""十个中有九个都……"你在看到这种句式的标题时的第一反应是什么呢？你是否想看看是什么东西，为什么别人不知道，好奇自己会不会知道。所以当用户看到这种高占比、大概率的说法时，很容易就会被吸引去观看短视频。

❍"安全带的作用，99%的人都不知道，你还别不服"

❍"新型中奖诈骗，99%的人都会上当"

❍"《西游记》的惊天秘密，99%的人都不知道"

6. 绝对肯定型

这类标题经常会用到诸如"我保证""肯定""一定"之类的词汇，通常用户看到这类标题，就会想知道到底是什么方法，能保证会实现某种目标，从而点击并观看短视频。

 ➲ "用这个办法，保证你1周暴瘦10斤"

 ➲ "看懂这个视频，保证你绝对脱单"

7. 时间延续型

这类标题非常适合持续输出相同类型的视频内容的账号，而且适用于各行各业。你可以直接通过标题告诉用户，你的短视频是延续的，从而引导用户查看你的个人主页里的其他短视频。

 ➲ "我相亲后的第101天"

 ➲ "徒步云南的第121天"

 ➲ "30岁倒计时131天"

8. 必备技能型

在撰写这类标题的时候，一般都要加上"必须""一定"之类的肯定性的词汇，以给用户一种暗示：这条短视频就是给你这类人群看的，你要想达成某种目标，就一定要具备这些，而要想具备这些，就得要看这条短视频。

 ➲ "要想多活几年，必须做到以下几点"

 ➲ "想暴富，这5件事必须要做"

9. 独家揭秘型

选取一些大家感兴趣但不了解原理的事物，或者非常想解决但又轻易解决不了的问题，然后直接在标题中抛出来。这类标题非常适合知识分享类短视频，有利于吸引用户点击并观看短视频。

 ➲ "下雨时，蚊子会被雨滴砸死吗？"

 ➲ "揭秘护肤行业内幕，胆小勿看"

 ➲ "重拳出击，揭秘了你好久的伪知识"

10. 解决问题型

在标题中直接抛出一个很多用户都会有共鸣的话题，如减肥、孩子沉迷于游戏等，吸引用户点击并观看短视频，然后在短视频中给出解决办法，告诉用户该怎么做。

 ➲ "如果孩子真的沉迷游戏，你可以这样做！"

抛出"孩子沉迷于游戏怎么办"这个家长普遍会感兴趣的问题，家里有小孩子的用户看到这个标题时，往往会点击并观看短视频，而且只要你的短视频给出了合理的解决办法，很多用户会很愿意转发你的短视频给身边的朋友。

3.6 文案写作：为短视频增色添彩

如果标题的作用是吸引用户点开短视频，那么文案的作用便是留住观众看完整的短视频。优秀的文案配合视频画面与背景音乐能很轻易地激发用户点赞，甚至转发、分享。本节将介绍短视频文案的特点、写作技巧和注意事项，使"爆款"文案创作有迹可循。

3.6.1　特点概括：了解特点，知晓尺度

好的文案往往能为视频增色不少，具备以下4个特点。

1. 理解门槛低

一般"爆款"视频的文案都有一个特点就是理解门槛低，或者说绝大部分爆火的事物都会存在这样的特点。所以任何人都可以看懂的短视频，就很有可能会成为"爆款"，因为它的传播成本非常低，理解门槛也低，并不是只有特定的人群才能够观赏。

2. 能产生共鸣

能产生共鸣是"爆款"文案的必备特点，要想短视频成为"爆款"运营者就一定要确保文案能使用户产生共鸣。一般而言，共鸣可分为两种类型，即正向共鸣和反向共鸣。正向共鸣是用户对短视频的认同，反向共鸣是用户对短视频的不认同。认同会提高价值，不认同会带来争论，两者都容易引发用户的热议，从而提高话题热度，短视频成为"爆款"的概率也就更大。

3. "快、准、狠"

短视频文案非常忌讳长篇大论，3个字能说完的事就不要用5个字去说。因为人们在一条短视频上花的时间是非常有限的，没有那么多的精力去慢慢理解文案，所以"爆款"短视频的文案应该"快、准、狠"。

4. 持续"高能"

"高能"是指文案的表达亮眼、吸睛，能让人一眼就知道其要表达什么内容。不过，这需要运营者有大量的知识储备，输入的浓度决定了输出的高度。

3.6.2　写作技巧：明确要求与方法

短视频文案的写作方法有很多，下面介绍3个非常简单且容易上手的文案写作公式。

1. 公式一：用户痛点+解决方案

例如"怕上火喝王老吉"，怕上火是痛点，喝王老吉是解决方案；"得了灰指甲，一个传染俩，问我怎么办？赶快用亮甲"，前面是痛点，后面是解决方案。这个公式同样可以套用到短视频文案中来。例如某博主发布的图3-15所示的教自拍的视频，首先抛出用户的痛点——"脸大"，然后给出解决方案——教给用户4个显脸小的拍照方法。

类似的案例还有很多，例如一位减肥博主教用户做减脂餐时，就可以写"减肥时体重下不来，试试我这个食谱，一天就见效"；如果是育儿博主，就可以写"孩子不爱喝牛奶怎么办？教你这3个做法，让马上爱上喝牛奶"；如果是一名摄影师，要教用户用手机摄影，可以写"自拍时颜色不好看，直接用滤镜又太假怎么办？给你一份谁调谁好看的调色参数……"。这个文案写作公式适用于各个领域的短视频。

图3-15

2. 公式二：开头抛出问题（设置悬念）+ 中间讲故事（案例）+ 结尾表达个人观点或引导互动

这个公式尤其适合用来写个人分享类短视频的文案。例如某博主发布的图3-16所示的视频。

开头抛出问题，设置悬念，即"和对的人在一起是种怎样的体验？"提出疑问让人忍不住想往下看，去寻找答案。

中间讲故事，结合自己的亲身体验陈述事实。如视频文案用日期和细节描述增强说服力和感染力，比如"2015年9月1号，我们成了同班同学，她拍了一张我认真上课的照片，我说，要拍你给我拍帅一点儿""我们总喜欢互怼，她怼不赢就要掐我""一眨眼我们就要毕业了，我们一起出来放了孔明灯，许愿一起考上同一所大学"。

结尾表达自己的观点，引起共鸣。"谈恋爱遇到问题不要轻言放弃，因为所有人的合适，都是两个人互相磨合出来的。遇见不容易，大家一定要好好珍惜身边那个人，错过了，就是一辈子。"

类似这样结构的短视频文案有很多，如图3-17所示。

这种结构的文案有一个好处就是在文案开头设置悬念或提出问题，或者在标题里面提出问题，如"你知道……"，一句话就帮你精准筛选了目标用户，还吸引了他们的注意力，留住了感兴趣的用户。这样的开头可以说是屡试不爽，很多头部大号都喜欢用这种形式的文案作为视频的开头。

图3-16

在文案结尾表达观点之后，我们还可以再抛出一个问题，例如"你同意我的观点吗？欢迎在评论区留言""你觉得……可在评论区留言"等类似的引导互动的文案。

3. 公式三：结果前置 + 证明结果 + 结尾给出独特的观点或剧情反转

在图3-18所示的视频中，开头结果前置，"你信不信我一口吃完这三个蛋"这是结果。中间是吃蛋的过程，然后结尾来一个意想不到的反转。

图3-17

反转可以说是剧情类短视频最佳的涨粉利器，和公式二在开头提出问题一样都是屡试不爽。例如下面的这个文案：

"钥匙链是非常实用的小工具，它可以让你，一次把所有钥匙都丢光。"

前面是正常人的逻辑思维，后面就是反转。反转提供了话题，也使短视频更有趣。如果运营者的文案中有反转，有用户意想不到的点，就会让整条短视频更有吸引力。

3.6.3　注意事项：全面了解，不踩雷

运营者无论是拟写标题还是文案都要注意以下3点。

1. 远离敏感词汇

短视频平台都有一些敏感词汇方面的规定，一条在某个平台上有很高的播放量的短视频，在另一个平台上发布后可能没有流量甚至被下架。运营者应多关注各个短视频平台的动态，了解官方发布的一些通知，也可以用句易网或易撰网进行初步的选题内容敏感词汇筛选，避免出现违规封号、封禁的情况。违禁词/极限词查询页面如图3-19所示。

图 3-18

图 3-19

2. 避免盲目蹭热点

很多热点、热门内容会涉及一些新闻时事、政治政策等，这些内容一直都是敏感话题，能避开就避开。因为针对这类内容发表观点时，若没把握好尺度，不但不会带来流量，甚至可能会导致账号被封禁。

3. 标题描述要合理

标题字数要适中。在有些短视频平台中，超过限制字数的标题会被自动折叠隐藏起来。格式要标准，多用阿拉伯数字，尽量用中文表述，避免使用生僻字，方便机器算法获取识别。句式要合理，很多短视频平台一般会要求标题是三段式结构且表述清晰，并避免出现夸大性词组。

第4章

素材拍摄：
使用手机即可完成

　　在了解完快手平台、做好账号定位和完成内容制作后，我们就要开始"重头戏"——拍摄视频了。近些年，随着手机的不断更新换代，手机的拍摄效果显著提升，成像质量越来越好，对焦速度越来越快，在光线充足的情况下，手机与一些入门级的数码相机已经不相上下。手机携带方便，操作简单，可以随拍随得，实时分享，比有一定操作门槛的专业拍摄设备更适合新手使用。

　　本章将从拍摄视频的准备工作开始，向大家介绍使用手机拍摄的相关技巧。

4.1 手机拍摄：做好必要的准备

在使用手机拍摄之前，我们需要先准备好相关的辅助工具、了解拍摄规范、选用恰当的拍摄模式。做好这些基本功，在后续的拍摄过程中我们才能更得心应手。本节将为大家具体介绍相关内容。

4.1.1 辅助工具：三脚架、补光灯、录音设备和手持稳定器

无论是业余拍摄还是专业拍摄，轻便的三脚架、补光灯、录音设备和手持稳定器等的使用频率都是很高的。拍摄往往都离不开这些工具的帮助，下面进行具体介绍。

1. 三脚架

在拍摄中，三脚架的作用不可忽视。特别是在拍摄一些固定机位、特殊的大场景或进行延时拍摄时，使用三脚架可以很好地稳定机器，帮助拍摄者拍出更稳定的画面，如图4-1和图4-2所示。

图4-1

图4-2

市面上有许多不同形态的拍摄支架和三脚架，且越来越趋于便利化，以便拍摄者随时使用。

甚至在常规的三脚架的基础上，还出现了一些创意神器，如壁虎支架等。壁虎支架（见图4-3）除了有普通支架的稳定性之外，还因其特殊的材质能随意变换形态，可以固定在诸如汽车后视镜、户外栏杆等狭小的地方上，从而获得出乎意料的镜头视角。

图4-3

除此之外，还有一些三脚架支持安装补光灯、机位架等配件，可以满足更多场景和镜头的拍摄需求，如图4-4所示。

2. 补光灯

熟悉摄影的人都应该了解，灯光对于画面质量有着重要影响。一般来说，新手对配光的技巧和原则不太熟悉。如果对照明效果有要求，或想在晚上拍摄视频，可以使用补光灯进行照明。补光灯的光线较为柔和，加装补光灯进行拍摄，可以有效地提亮周围环境和人物肤色，同时还具备柔光效果。

补光灯大致可以分为两种。一种是夹在手机上的，非常小巧便携，价格也很便宜，如图4-5所示。

还有一种是带有支架的补光灯，如图4-6所示。它可以固定手机，解放双手，还可以任意调节角度，直播自拍两不误。这种补光灯的价格相对来说会比较高一些。

图4-4

图4-5

图4-6

3. 录音设备

对于视频拍摄而言，声音与画面同等重要，很多新手容易忽略这一点。在进行视频拍摄时，我们不仅要考虑后期对声音的处理，还得做好同期声音的录制工作。

很多视频都是在户外进行拍摄的，难免会存在一些嘈杂的声音，为了降低这些声音对视频音质的影响，我们在拍摄时可以使用音频设备，常见的有线控耳机、外接麦克风和智能录音笔等。

❏ 线控耳机

手机配备的线控耳机（见图4-7）是日常拍摄时常用的音频设备。使用时只需要将线控耳机插入手机的耳机孔，就可以实时进行声音的传输。相较于昂贵的专业音频设备，线控耳机虽然成本低，但音质效果一般，不能很好地降噪。

如果是个人简单拍摄，对录入音质没有太高要求，使用线控耳机是个不错的选择。但在进行录音时，我们应尽量选择安静的环境，麦克风不宜距离嘴巴太近，以免爆音。必要的话可以尝试在麦克风上贴上湿巾，以有效减少噪声和爆音情况的发生。

图4-7

❏ 外接麦克风

外接麦克风（见图4-8）经常在直播间或街头采访中使用。它的特点是体积小、便携，连接耳机孔就可以直接使用。不同价位的外接麦克风的收音效果有很大的差别，好的外接麦克风还有降噪效果，人声的清晰度比较高。我们在挑选购买时一定要多比较，根据自己的拍摄情况选择性价比高的外接麦克风。

❏ 智能录音笔

智能录音笔（见图4-9）是基于人工智能技术，集高清录音、录音转文字、同声传译、云端储存等功能为一体的智能硬件，体积轻便，非常适合日常携带。

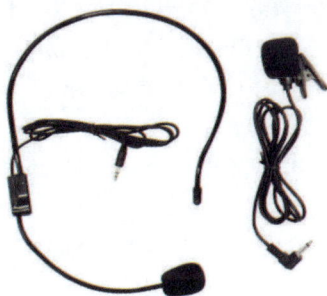

图4-8

与上一代数码录音笔相比，新一代智能录音笔最显著的特点是可将录音实时转换为文字，录音结束后，可即时成稿并支持分享，大大减轻了后期针对字幕的处理工作。此外，市面上大部分智能录音笔支持OTG文件互传，或者通过App进行录音控制、文件实时上传等，非常适用于手机短视频的即时处理和制作。

4. 手持稳定器

在拍摄视频时，最重要的就是保持画面的稳定性。如果视频画面抖动得比较厉害，就会很影响观感。尤其是在拍摄一些运动镜头时，画面的稳定较难控制，这个时候就需要用到手持稳定器。

图4-9

使用三轴手机稳定器（图4-10）可以最大限度地消除画面抖动，以确保画面的流畅和稳定。同时三轴手机稳定器握持方便，可以满足多种场景的拍摄需求，几乎是所有短视频创作者的首选。

4.1.2 拍摄规范：遵守规范，顺利拍摄

如今短视频平台的审核规范越发严格，如果违背了平台的规范，就会出现审核不通过的情况，因此我们在拍摄过程中就需要注意以下两条规范。

1. 避免广告宣传

短视频平台是不允许出现单纯的营销广告的，包括产品的Logo、宣传软文、销售客服的联系方式（电话、微信二维码等）、宣传海报、商品详情信息等，所以在拍摄视频时我们一定要注意审查视频画面是否包含以上内容。

2. 避免违反社会道德

现在所有的短视频平台都提倡积极向上的正能量作品，而那些为了博人眼球而做出各种违反社会公德的行为，都不允许出现在短视频当中，所以我们在拍摄时需要避免拍摄以下内容。

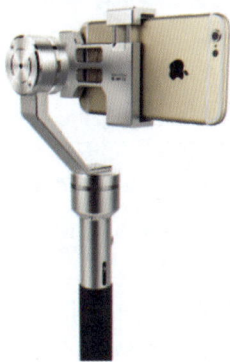

图4-10

- 一些虚假卖惨的内容，博主编造悲惨经历以赚取关注甚至骗钱。
- 抽烟、喝酒、说脏话、迷信等会营造社会不良风气的内容。
- 一切涉及黄、赌、毒、暴力等违法犯罪行为和物品。
- 含有家暴、校园暴力、虐待小动物等行为的内容。
- 为了制造话题，故意宣扬性别对立、种族歧视、地域歧视的相关内容。
- 不遵守社会秩序，如乱穿马路、污损文物、破坏公共基础设施等行为。
- 对未成年人产生不良影响的行为和画面。

4.1.3 拍摄模式：选用恰当的拍摄视角

在拍摄短视频的过程中，我们一般会根据拍摄需求采用不同的拍摄视角、叙述方式、人称。根据短视频的拍摄视角、叙事方式、人称的不同，短视频的拍摄模式可分为自拍模式、讲解模式、剧情模式和采访模式。

1. 自拍模式

自拍模式是采用第三人称视角，将摄像机镜头对准自己进行拍摄的模式，如图4-11所示。在这种拍摄模式下一般采用中近景，画面较为单一。自拍模式最早出现在直播平台，后来延伸至短视频平台并迅速流行起来。自拍模式能够激发我们自我展示的欲望，更加适合竖屏短视频的拍摄。伴随着智能手机成为当下流行的短视频拍摄工具，自拍模式也成为现在短视频制作中比较常见且比较简单的拍摄模式，用户直接用手机即可完成拍摄。

图4-11

2. 讲解模式

讲解模式常用于反应类短视频、测评类短视频，如图4-12和图4-13所示。这类短视频也是目前很常见的视频类型，以横屏拍摄居多。讲解模式最主要的特点是创作者可以采用"音画不同步"的方式，先制作画面，后期通过配音的方式进行讲解。应用讲解模式时，创作者应以讲清楚故事为主要目的，可以采用第一人称视角或者第三人称视角进行拍摄。

图4-12

图4-13

3. 剧情模式

剧情模式是指有明确主题和背景设定的拍摄模式。剧情模式多采用第三人称视角，相关视频多为对某种社会现象或者特定人群生活状态的写照和映射，如图4-14和图4-15所示。采用剧情模式时，一般需要对多个镜头进行组合，并有特定的剧本和情节设置。通过剧情模式，我们能够拍摄丰富的内容，但拍摄过程较为复杂，有些高质量的剧情类短视频在拍摄时会使用到专业的摄像机，甚至进行多机位拍摄。

4. 采访模式

采访模式也是一种较为常见的短视频拍摄模式。采访模式可以用于人物采访类短视频、街访类短视频，如图4-16和图4-17所示。采访模式一般结合第一人称视角和第三人称视角，具有很强的灵活性，大多数用户使用手机即可完成拍摄。

图4-14

图4-15

图4-16

图4-17

4.2　构图手法：画面做好取舍平衡

拍摄视频与拍摄照片类似，都需要对画面中的主体进行恰当的摆放，使画面看上去更加和谐舒适，这便是构图。在拍摄时，成功的构图能使作品重点突出，有条有理且富有美感，令人赏心悦目。

4.2.1　水平线构图：基础常用易上手

通常在所要拍摄的画面中，总会出现一条或几条与地面平行的线，这些线有长有短，有的直接显现，有的若隐若现。利用这些水平线元素进行构图，能让画面显得稳定、安宁、平和、舒适。

水平线在画面中处于不同位置，会使画面显示出不同的效果。一般会将水平线安排在画面上三分之一或下三分之一处，也就是三分法构图的位置。这样构图的视频画面，看上去会更舒服，因为这符合人们的视觉习惯，同时整个画面会更具有美感，如图4-18所示。

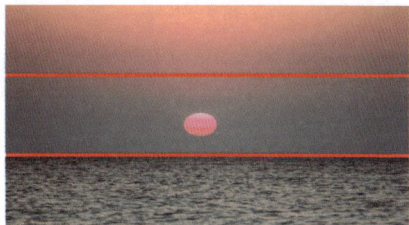

图4-18

需要注意的是，水平线在画面中一定要水平，因为一条歪斜的水平线会打破画面中的平衡，让画面显得别扭。当然，那些刻意使用倾斜水平线以达到独特效果的则另当别论。

在拍摄时，运营者可以将周围的景物作为参照物来保证画面中的水平线水平，也可应用手机的构图线来保证画面中的水平线水平。

4.2.2 九宫格构图：善用黄金分割线

九宫格构图又称为井字形构图，是拍摄中重要且常见的一种构图形式。九宫格构图就是把画面当作一个有边框的区域，将上、下、左、右4条边都分为三等份，然后用直线把这些点连接起来，形成一个"井"字。这4条直线为画面的黄金分割线，4条直线的支点则为画面的黄金分割点，也可以称其为"趣味中心"。

图4-19

在拍摄时，将主体放在"趣味中心"上，可以很好地突出主体。图4-19所示的画面就是比较典型的九宫格构图，作为主体的女生被放在"趣味中心"上，整个画面看上去非常有层次感。

4.2.3 对角线构图：增强视觉冲击力

对角线构图是引导线构图的一个分支，将引导线沿画面对角线的方向分布，就成了对角线构图。引导线可以是直线，也可以是曲线，甚至是折线，只要整体延伸方向与画面对角线的方向接近，就可以视为对角线构图，如图4-20所示。

图4-20

对角线引导观众视线的能力很强，能带着观众"走"遍整个画面。标准的对角线构图更是有把画面"劈开"，一分为二的作用。对角线构图适用的题材有建筑、花卉、人像、运动、静物等。

4.2.4 中心式构图：营造画面平衡感

中心式构图是一种简单且常见的构图方式。它主要是通过将主体放置在画面的中心进行拍摄，能更好地突出主体，让观众一眼看到视频的重点，从而将目光锁定在主体上，了解视频想要传递的信息，如图4-21所示。

利用中心式构图拍摄视频最大的优点在于主体突出、明确，而且画面容易达到左右平衡的效果，并且构图简练，非常适合用来表现物体的对称性。

图 4-21

4.2.5　对称式构图：拍摄人文有奇效

对称式构图就是指利用画面中景物所拥有的对称关系来构建画面的构图方法，如图 4-22 所示。对称的事物往往会给观众带来一种稳定、正式、均衡的画面感受，比较常见的对称形式有上下对称和左右对称。

一般左右对称的元素在古代建筑、人文摄影和城市建筑中会比较常见，左右对称可以使画面呈现得更加和谐、规整。而上下对称可以利用玻璃反光，或者水面倒影来实现。在风光摄影中表现水面倒影与岸边景物时会经常使用对称式构图。采用这种构图方式的视频画面会给人一种宁静、安逸的视觉感受。

图 4-22

4.2.6　框架式构图：特殊视角有新意

从字面上的意思就可以看出来，框架式构图的画面是有框架的，如图 4-23 所示。框架式构图在突出主体这一方面非常有效。使用框架框住画面的主体，可以让人一眼就知道拍摄的是什么，而且有了框架这一前景作为遮挡，人们会对框架后面的事物更加感兴趣，也会产生更多联想。

框架式构图的运用非常广泛，风景、人物、静物、建筑等都可以利用框架式构图来拍摄。

图 4-23

4.3　多重视角：有趣的拍摄角度

在摄影创作中，即使是在同一时间、同一地点拍摄的同一个场景，从不同的角度拍摄出来的画面也不尽相同，这和拍摄者选择的拍摄角度有很大的关系，因为拍摄角度不同，得到的画面效果也会有很大的不同。本节将向大家介绍平视、仰视和俯视这 3 种拍摄角度。

4.3.1　平视：突出主体，引人注目

平视是指手机和被摄主体保持在同一水平位置的拍摄角度。在平视角度下拍摄的画面可以包含多个主体，且能给人稳定、均衡、平和的感觉。平视是日常拍摄中经常用到的拍摄角度，利用平视角度拍摄出的画面，也是最符合人眼视觉习惯的。

在使用平视角度拍摄时，我们需要有意识地对主体进行突出。利用平视角度拍摄食物，可以使食物本身的特点更好地表现出来，如图4-24所示。

图4-24

4.3.2 仰视：下宽上窄，夸张效果

仰视是指手机的位置低于被摄主体的拍摄角度。运用仰视角度拍摄会产生主体下宽上窄的视觉效果，特别是在使用广角镜头后，这种变形会更加明显，很多拍摄者正是利用这种夸张的变形来增强画面的视觉冲击力的。此时，手机距离被摄主体越近，变形效果则越明显；距离被摄主体越远，变形效果则越弱。仰拍是比较常用的拍摄手法，尤其在建筑摄影中，如图4-25所示。

图4-25

在拍摄人物时，以仰视角度拍摄可以将人物拍摄得很高大、苗条，这种拍摄角度不同于人眼传统的视觉习惯，因此会改变人眼观察事物时的视觉透视关系，所呈现出来的效果会给人新奇之感，人物本身的线条均向上汇聚，具有夸张效果，如图4-26所示。

4.3.3 俯视：从上至下，纵览全局

俯视是指手机的位置高于被摄主体的拍摄角度。俯拍可以让更多的元素进入画面，因此拍摄者如果需要拍摄大场景或希望得到视觉冲击力较强的画面效果时，可以使用俯视角度完成拍摄，如图4-27所示。

图4-26

图4-27

图4-28

图4-29

4.4　拍摄景别：丰富的视频画面

除了拍摄视角外，拍摄景别也是很值得了解和学习的。景别是指由于手机与被摄主体的距离不同，造成被摄主体在画面中所呈现出的范围大小有区别。拍摄时通常都会使用到特写景别、中景景别和远景景别3种类型，本节将为大家逐一进行讲解。

4.4.1　特写景别：让观众产生亲近感

特写是指拍摄人物的面部或主体的某一局部的镜头。特写景别的取景范围很小，展示的元素也不多，常用于展现被摄主体最重要或最突出的细节，也会用于渲染强烈的情绪，起到强调和突出主题的作用。特写景别多用于展示正脸、侧脸、头部，如图4-30所示，也可以用来强调人体的局部特征。特写景别还可以用来展示物体的细节，在图4-31中，花朵上的水珠和花瓣轮廓都被展示得非常清楚。

图4-30

图4-31

4.4.2　中景景别：详细表现故事内容

　　中景景别是指摄取人物膝盖以上部分的画面。和特写景别相比，中景景别的取景范围稍微大一些。中景景别既能表现被摄主体，又可以交代拍摄环境，同时有利于表现故事情节和被摄主体之间的联系。图4-32所示的画面通过中景景别清晰地表现了一位坐在火炉边取暖的女生。

图4-32

　　中景景别主要以生动的情节来打动观众，因此中景画面主要是揭示人或物最富表现力之处并展示。例如在拍摄人物时，我们就要舍弃不重要和没有表现力的内容，重点展现人物的动作、手势、姿态，以及人物与人物之间的交流，画面也应以人物为主、景物为辅。

4.4.3　远景景别：直观展示环境全貌

　　远景景别一般用来表现远离相机的环境全貌，其画面所展现的是视野宽阔、能包容广大事物的空间。远景画面中如果包含人物，则背景占主要地位，人物较小，给人整体协调的感觉，不会突出交代具体的细节。

图4-33

　　远景画面的特点是空间大、景物层次多、主体形象矮小、陪衬景物多，能够在很大范围内全面地表现环境。远景景别通常用于介绍环境，抒发情感。在拍摄外景时常常使用远景镜头，以有效地描绘雄伟的峡谷、田园的风景（见图4-33）、荒野的丛林等。

4.5　运镜技巧：简单实用的镜头

　　在制作快手短视频时，如果想要把短视频制作得更精美、更吸睛，掌握运镜技巧是基本要求。相声的基本功有说、学、逗、唱，而运镜的基本方法可以分为推拉镜头、摇镜头、旋转镜头、横移镜头、升降镜头、跟镜头等。本节将为读者介绍运镜技巧的相关内容，为之后剪辑短视频奠定良好的基础。

4.5.1　推拉镜头：远近距离，交替转换

　　推镜头是指摄像机移向被摄主体，或者变动镜头焦距使画面框架由远及近，向被摄主体不断接近的拍摄方法。推镜头可以形成视觉前移效果，会使被摄主体由小变大，周围环境由大变小。图4-34所示为使用推镜头的前后对比效果图。

图 4-34

推镜头在拍摄中起到的作用：突出被摄主体，使观众的视线慢慢接近被摄主体，并逐渐将观众的注意力从整体引向局部。在推镜头的过程中，画面所包含的内容逐渐减少，通过镜头的运动摒弃了画面中多余的东西，从而突出了重点。推进速度的快慢会影响画面节奏。

拉镜头则和推镜头相反，是指镜头不断地远离被摄主体。拉镜头的作用可以分为两个方面：一是为了表现主体人物或景物在环境中的位置，即在摄像机向后移动的过程中，逐渐扩大视野范围，从而在一个镜头内反映局部与整体的关系；二是为了满足镜头之间的衔接需要，例如前一个是一个场景中的特写镜头，而后一个是另一个场景中的中景镜头，两个镜头通过拉镜头的方式衔接起来，会显得十分自然。图 4-35 所示为使用拉镜头的前后对比效果图。

图 4-35

4.5.2　摇镜头：观察视角，主观表现

摇镜头是指摄像机的位置保持不变，只靠镜头变动来调整拍摄的方向。这类似于人站着不动，而靠转动头部来观察周围的事物，呈现的画面是环绕四周的效果，用于描述周围环境。图 4-36 所示为使用摇镜头的前后对比效果图。

4.5.3　旋转镜头：眩晕感受，衬托内容

旋转镜头是指被摄主体或背景呈旋转效果的画面。常用的拍摄手法有以下几种。

↷　沿着镜头光轴仰角旋转拍摄。

↷　摄像机呈360°快速环摇拍摄。

↷　被摄主体与摄像机几乎处于同一轴盘上做360°的旋转拍摄。

图 4-36

⊃ 摄像机在不动的情况下，将胶片或者磁带上的影像或照片旋转，倒置或旋转任意角度进行拍摄，可以顺时针或逆时针旋转。

⊃ 运用可旋转的运载工具拍摄。

旋转镜头往往被用来表现人物的主观视线或者眩晕感，或者以此来烘托情绪，渲染气氛。图4-37所示为旋转镜头的运动方向示例。

4.5.4　横移镜头：移动拍摄，创造动感

法国摄影师普洛米澳于1896年在威尼斯的游艇中受到启发，设想用"移动的电影摄影机"来拍摄，使不动的物体发生运动，于是他首创了电影中的"横移镜头"，即把摄影机放在移动车上，向轨道的一侧拍摄的镜头，横移镜头的运动方向如图4-38所示。这样拍出来的视频可以达到人力所不能及的稳定性，在电影行业中应用颇多。

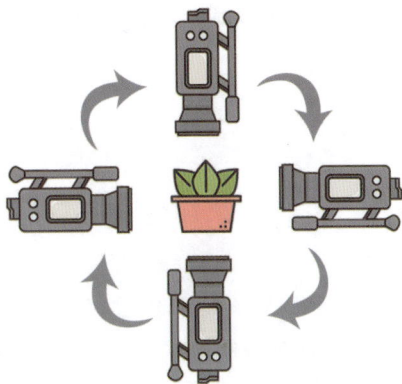

图4-37

4.5.5　升降镜头：高低俯仰，画面流动

升降镜头是指摄像机上下运动拍摄画面，可以从多视点表现场景，包括垂直升降、斜向升降和不规则升降。在拍摄的过程中，不断改变摄像机的高度和俯仰角度，会给观众带来丰富的视觉感受。如果在速度和节奏方面设置适当，升降镜头则可以创造性地表达一个情节的情调，常用来展示事件的发展规律，或表现在场景中做上下运动的主体的主观情绪。如果能在实际的拍摄中与其他运镜技巧相结合的话，升降镜头能够表现出丰富多变的视觉效果。升降镜头的运动方向如图4-39所示。

图4-38

4.5.6　跟镜头：跟随主体，变化画面

跟镜头是指摄像机跟随运动状态下的被摄主体进行拍摄。跟镜头使处于动态中的拍摄对象（主体）在画面中的位置保持不变，而前后景可能在不断变化。这种拍摄技巧既可以突出运动中的主体，又可以交代主体的运动方向、速度、体态，以及其与环境的关系，使主体的运动保持连贯性，有利于展示被摄主体处于动态中的精神面貌。跟镜头的运动方向如图4-40所示。

图4-39

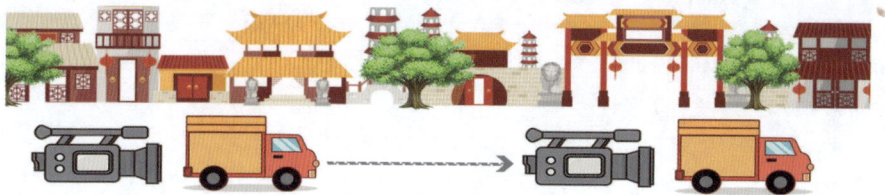

图4-40

4.6 拍摄功能和技巧：快速提高视频拍摄水平

使用手机拍摄短视频时想要获得好的效果，我们就需要利用好手机的各种拍摄功能和技巧，以保证视频画面对观众具有吸引力。本节将介绍手机中常用的短视频拍摄功能和技巧，帮助读者拍摄出与众不同的短视频。

4.6.1 设置分辨率：保证画面的清晰度

分辨率是指画面的清晰程度。分辨率越高，画面越清晰，画面中的细节也越丰富细腻；分辨率越低，画面越模糊。在图4-41中，手机相机的照片分辨率可根据照片的尺寸进行调整。我们也可以自行选择照片分辨率。对于视频而言，常说的480P、720P、1080P、4K就是指视频分辨率，如图4-42所示。在拍摄视频时，我们也可以自己选择视频分辨率。

图4-41

图4-42

1. 480P标清分辨率

480P属于视频中比较基础的分辨率，对应的视频画质偏低，清晰度一般，但占手机内存小，在网络不太好时也能够正常播放。

2. 720P高清分辨率

720P在手机中的名称一般为HD 720P，可表示为1280px×720px。720P视频的画质比480P视频的画质更加清晰，720P视频还具有立体音效果，而且对于手机内存和网络的要求也比较适中。不管是对于拍摄视频还是观看视频，720P都是一个不错的选择。

3. 1080P全高清分辨率

1080P可表示为1920px×1080px，在手机中的名称一般为FHD 1080P，其中FHD是Full High Definition的缩写。1080P视频有着更高的清晰度，将画面中的细节展示得更加清楚，还延续了720P视频的立体音效果，但对网络的要求更高，建议最好在无线网络环境下进行观看。

4. 4K超高清分辨率

4K可表示为4096px×2160px，属于好莱坞大片的分辨率标准。观众可以看清画面中的每一个细节和特写，画面色彩非常鲜艳丰富，可带给观众极佳的观看体验。

4.6.2 慢动作镜头：给人一种时间凝滞的错觉感

慢动作镜头可以起到将时间的流逝速度放慢的作用，几秒的画面可以被延长到十几秒，在体育节目中经常可以见到故慢了的篮球进球的瞬间（见图 4-43）、跳水运动员落水的瞬间、田径运动员冲过终点线的瞬间等，慢动作镜头让观众将原来的动作看得更加清楚。

慢动作镜头给人最直观的感受就是画面突然变慢了，所以比较适用于表现一些快速变化的景象，如湍急的水流、下雨（见图 4-44）、下雪、动物动作或人物动作的特写等。

图 4-43

图 4-44

下面以华为手机为例介绍如何拍摄慢动作镜头，具体操作方法如下。

01 打开手机相机，向左滑动底部的拍摄模式，选择"更多"选项，如图 4-45 所示。

02 在弹出的面板中选择"慢动作"模式，如图 4-46 所示。

03 进入拍摄界面，点击快门按钮就可开始拍摄，如果需要更改拍摄速度，可以点击右下方的改变拍摄速度按钮，如图 4-47 所示。

图 4-45

图 4-46

图 4-47

4.6.3 延时摄影：将时间压缩

延时摄影是指将一段时间内的景色变化压缩到较短的时间内的拍摄方法，可以将其理解为"快进"。这种拍摄方法在电影或电视节目中很常见，是一种描述整体环境以及天气变化的惯用手法。从黑夜到白天代表新的一天开始了，从日出到日落表示忙碌的一天结束了，如此交代故事发生的时间，能使情节更加流畅完整。

下面介绍延时摄影的具体操作方法。

`01` 首先使用三脚架来保持手机的稳定，然后打开手机相机，向左滑动底部的拍摄模式，选择"更多"选项。

图4-48

`02` 在弹出的面板中选择"延时摄影"模式，设置为自动对焦和自动曝光就可以拍摄了，如图4-48所示。

`03` 图4-49和图4-50所示为原视频前3秒的画面变化与延时摄影视频前3秒的画面变化对比。

图4-49

图4-50

延时摄影需要的时间成本很高，通常拍摄一两个小时才能制作出几十秒的片段，为了更有效地完成拍摄任务，拍摄者一定要注意以下事项。

⊃ 手机要保持绝对的稳定，三脚架是必不可少的设备。

⊃ 要保证手机有充足的电量，如果拍摄时间过长，可以准备好移动电源，避免在拍摄过程中手机突然没电。

- ⮌ 一定要将手机调到飞行模式，避免在拍摄过程中受到电话、短信的干扰。
- ⮌ 提前设置好手机锁屏时间，避免在拍摄的过程中手机突然黑屏，解锁过程会造成画面抖动。
- ⮌ 拍摄一个场景的时间不宜过长，建议从多个角度拍摄，后期对所有素材进行合成。

4.6.4　夜景拍摄：突破弱光与夜色的限制

夜景属于弱光拍摄环境，用手机在弱光下拍摄，成像质量通常较低。因此，想要拍出好的夜景，拍摄者就需要选择好的拍摄环境，抓住拍摄时机，让手机拍摄的夜景画面质量可以得到最大的保障。

许多手机都有专门针对夜景的拍摄功能，下面以华为手机的夜景拍摄功能为例进行讲解。

01 打开手机相机，点击底部的"更多"选项，如图4-51所示。

02 在打开的界面中选择"夜景"模式，如图4-52所示。

03 切换至夜景模式之后，点击快门按钮就可进行拍摄，如图4-53所示。

图4-51

图4-52

图4-53

拍摄夜景时需要注意的问题如下。

⮌ 选择合适的景物作为主体。不要选择太暗的景物作为主体，应该选择有光线照射或自身发光的物体作为主体。

⮌ 对焦要准确，让主体更清晰。如果主体是近处的发光物体，拍摄时应调整曝光，让周边的环境不要太暗；如果主体离得太远，靠近些拍摄，不然会出现虚化的情况。

⮌ 很多手机的夜景模式都会自动延长曝光时间，因此在按下快门之后，不宜马上放下手机，在曝光完成之前，应该保持手机的稳定。

⮌ 时间的选择很关键，日落后的30分钟左右，拍摄效果最佳，这个时候天空会呈现蔚蓝色，建筑物的轮廓也很清晰，拍摄出来的夜景是比较美观的。

第 5 章

快影入门：
内容编辑很简单

学会了拍摄短视频的相关技巧，在拍摄好短视频素材后，还要对其进行润色、加工。前期的拍摄工作好比是写一篇小说，需要构思、搭建框架，然后完成初稿；而后期制作就是对初稿进行加工、完善，使作品更加完整，为大众所接受、喜爱。

快影是快手指定的视频编辑工具，用于创作游戏、美食和段子等类型的短视频，功能强大，简单易用。本章就以快影这款功能丰富的视频编辑 App 为例，为大家简要讲解和演示手机短视频编辑的各项基本操作。

5.1 剪前准备：剪辑基本操作

在进行视频的编辑和处理工作之前，我们务必先掌握各项剪辑基本操作，包括素材的添加、素材大小及位置的调整、素材排列方式的调整等。

5.1.1 素材整理：查看画面情况（轨道）

快影作为一款移动端应用，它与PC端常用的Premiere Pro、Final Cut Pro等剪辑软件有许多相似之处，例如，在素材的轨道分布上同样做到了一类素材对应一条轨道。

`01` 打开快影，在主界面中点击"开始剪辑"按钮，如图5-1所示。

`02` 在素材添加界面中，可以选择一个或多个视频或图片素材，完成选择后，点击底部的"完成"按钮，如图5-2所示。在素材添加界面中，无论是选择添加本地相册中的图片或视频素材，还是选择添加快影内置素材库中的素材，都可以同时选择几组素材，进行一次性导入。

`03` 进入视频编辑界面后，可以看到选择的素材分布在同一条轨道上，如图5-3所示。

图 5-1   图 5-2

提示：在进行素材选择时，点击素材缩览图右上角的圆圈可以选中目标。若点击素材缩览图，则可以打开素材进行全屏预览。

图 5-3

5.1.2　删除工具：筛选素材片段

如果在视频编辑过程中，对某个素材效果不满意，用户可以使用"删除"按钮将该素材删除。在快影中删除素材的操作非常简单，下面介绍具体的操作方法。

01 在快影主界面中点击"开始剪辑"按钮，进入素材添加界面，添加多个视频或图片素材，添加后的效果如图 5-4 所示。

02 在轨道区域中选中需要删除的素材，然后点击底部工具栏中的"删除"按钮，即可将该素材删除，如图 5-5 所示。

03 删除之后，该素材将不会在轨道区域中显示，如图 5-6 所示。

图 5-4　　　　　　　　　　图 5-5　　　　　　　　　　图 5-6

提示： 若在视频编辑过程中误删了素材，则可以点击轨道上方的撤销按钮，返回上一步操作。

5.1.3　裁剪工具：编辑画面尺寸

对于一些在拍摄时不知道如何构图取景的用户来说，在视频编辑过程中，合理地调整视频尺寸可以起到"二次构图"的作用。例如，当在后期发现素材画面中元素太多，造成主体不明显时，便可以通过"裁剪"功能来调整画面尺寸，对画面中多余的对象进行"割舍"，使画面主体更加突出。

01 在轨道区域中选中需要进行裁剪的素材，然后在底部工具栏中点击"裁剪"按钮，如图 5-7 所示。

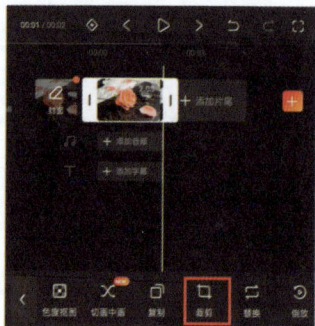

图 5-7

02 快影中的"裁剪"功能包含了几种不同的裁剪模式，选择不同的比例选项，可以裁剪出不同的画面效果，如图5-8所示。

图5-8

03 裁剪界面下方分布的刻度线可以用来调整旋转角度，调整刻度线数值可以使画面朝顺时针或逆时针方向旋转，如图5-9所示。在完成画面的裁剪操作后，点击右上角的"保存"按钮可以保存操作；若不满意裁剪效果，可点击右下角的"重置"按钮 ↻。

图5-9

> **提示：** 用户在进行裁剪操作时，可以在"自由"模式下通过拖动裁剪框的一角，将画面裁剪为任意比例大小；在其他模式下，也可以通过拖动裁剪框改变裁剪区域的大小，但画面比例不会发生改变。

5.1.4　调整顺序：任意变换组合（轨道）

　　视频的编辑工作主要是通过在一个视频项目中放入多个素材，然后通过对素材的重组形成一条完整的视频。当用户在同一条轨道中添加多个素材后，如果要调整其中两个素材的播放顺序，只需长按其中一个素材，在弹窗中将其拖动到另一个素材的前方或后方即可，具体操作如下。

01 在主界面中点击"开始剪辑"按钮,进入素材添加界面,添加多个视频或图片素材。

02 在轨道区域中长按其中一段素材,界面底部会浮现一个"片段排序"的弹窗,如图5-10所示。

03 在底部浮现的弹窗中,按住其中一段素材,将其拖动到另一段素材的前面,如图5-11和图5-12所示。

图5-10

图5-11

图5-12

5.1.5 调节时长:左右拖动即可控制

在不改变素材片段播放速度的情况下,如果对素材片段的时长不满意,可以通过拖动素材裁剪框的前端和后端来实现素材片段时长的调整,具体操作方法如下。

01 在轨道区域选中一段时长为26.1s的视频素材,如图5-13所示。

02 向左拖动裁剪框的后端,可以将片段缩短,如图5-14所示;如果觉得片段过短,向右拖动裁剪框的后端,则可以将片段延长,如图5-15所示。

图5-13

图5-14

图5-15

03 同样,向右拖动裁剪框的前端可以将片段缩短,如图5-16所示;向左拖动裁剪框的前端则可以将片段向前延长,如图5-17所示。需要注意的是,如果片段前面没有内容,就不能继续向前延长。

图5-16

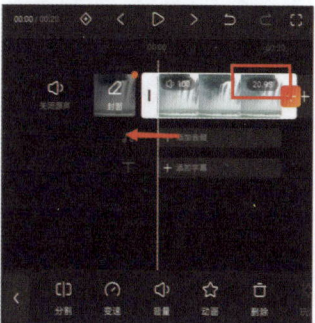
图5-17

> **提示：**有时候会遇见导入的素材无法延长的情况，这是因为素材的延长操作是建立在原素材时长的基础上的。例如，在快影中导入一段时长为5秒的视频素材，在不改变播放速度的情况下，素材时长最多只能为5秒，不可能在5秒的基础上继续延长。但如果导入的是图像素材，则素材时长不受限制。

5.2 剪辑工具：初步剪辑素材

将素材整理完毕后，还需要对素材进行剪辑，才能让视频的观感更好。下面介绍常用的剪辑工具，如替换工具、分割工具、变速工具、旋转工具、画中画工具、动画工具、蒙版工具、调节工具、画面定格工具、倒放工具等。

5.2.1 替换工具：更换现有素材

替换素材是视频剪辑的一项常见操作，它能够帮助用户打造出更加符合心意的作品。在进行视频编辑处理时，用户如果对某个部分的画面效果不满意，直接删除相应素材，势必会对整个剪辑项目产生影响。想要在不影响剪辑项目的情况下换掉不满意的素材，可以通过快剪中的"替换"功能轻松实现，具体操作步骤如下。

01 打开剪辑项目，在轨道区域中，找到需要替换的素材片段，选中该片段，然后在界面下方的工具栏中，找到并点击"替换"按钮，如图5-18所示。

02 进入素材添加界面，点击需要的素材，如图5-19所示。

图5-18   图5-19

03 进入素材替换页面，截取需要替换的素材片段，点击右上角的"确定"按钮，即可完成替换，如图5-20所示。

04 替换成功后，轨道区域中会显示替换后的素材片段，如图5-21所示。

图 5-20

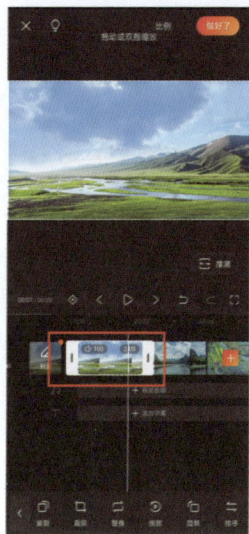

图 5-21

5.2.2 分割工具：一键切分素材

在编辑一个素材片段时，如果想对其中的部分画面进行单独处理，可以使用分割工具将该素材片段拆分成独立片段，然后选择所需部分进行调整。

01 首先将时间线定位到需要进行分割的时间点，然后在界面底部点击"剪辑"按钮 ✂，如图 5-22 所示。

02 在界面下方的工具栏中，找到并点击"分割"按钮 ⅠⅠ，如图 5-23 所示，即可将选中的素材片段按时间线所在位置一分为二，如图 5-24 所示。

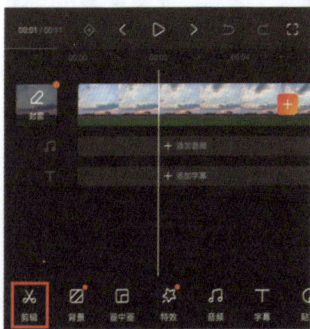

图 5-22

图 5-23

图 5-24

5.2.3 变速工具：视频快慢随意调

在视频编辑软件中，灵活使用一些变速效果会使视频更加有趣。使用一些快节奏的音乐搭配快速镜头，会使整条视频更有动感；而使用慢速镜头搭配一些轻音乐，则会使整条视频的节奏变得舒缓。

打开剪辑项目，在轨道区域中选中一个播放速度正常的素材片段（此时素材片段的时长为30.1秒），然后在底部工具栏中点击"变速"按钮 🕐，如图5-25所示。此时可以看到变速选项栏中有两个变速选项，如图5-26所示。

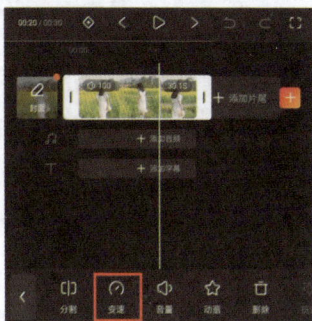

图5-25

图5-26

1. 常规变速

点击"变速"按钮 🕐 之后，即可打开系统默认的常规变速界面。一般情况下，素材片段的原始播放速度速为"1x"，如图5-27所示。拖动变速滑块可以调整素材片段的播放速度。当数值大于"1x"时，素材片段的播放速度将变快；当数值小于"1x"时，素材片段的播放速度将变慢。

当用户拖动变速滑块时，下方会显示当前视频倍速，并且素材片段的时长会随之变化，如图5-28所示。完成变速调整后，点击变速选项栏右上方的确定按钮 ✓ 即可实现视频变速。

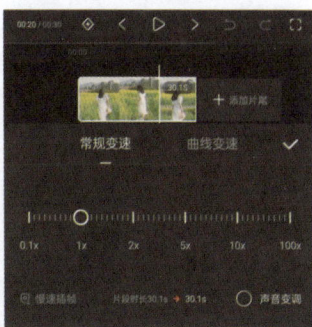

图5-27

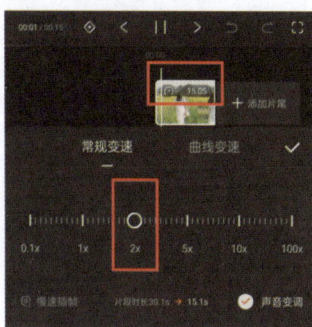

图5-28

2. 曲线变速

点击"曲线变速"选项，可以看到变速选项栏中罗列了不同的变速选项，包括自定义、蒙太奇、闪光时刻、子弹时间等，如图5-29所示。

下面以"闪进"选项为例进行说明。点击"闪进"按钮，预览区域中将自动展示变速效果，此时可以看到"闪进"按钮变为灰色状态，如图5-30所示。再次点击"闪进"按钮，可以进入曲线编辑面板，如图5-31所示。这里展示了曲线的起伏状态，创作者可以对曲线中的各控制点进行拖动调整，以满足不同的播放速度要求。

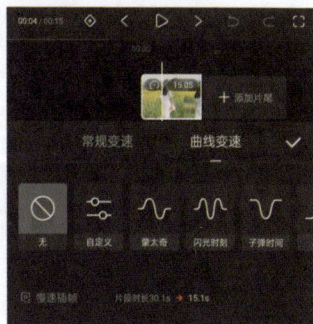

图5-29

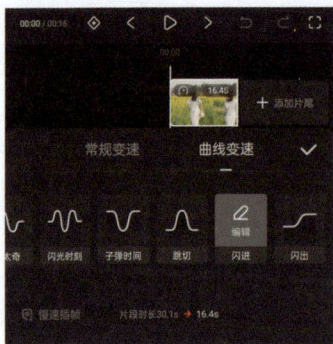

图 5-30

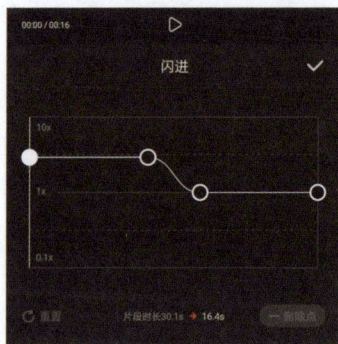

图 5-31

5.2.4 旋转工具：选用更佳角度

快影可以在不改变画面大小的情况下对画面进行旋转，用户可以通过这个功能来调整画面的角度。

01 在轨道区域中选中素材片段，然后点击底部工具栏中的"剪辑"按钮 ✂，如图 5-32 所示。

02 在底部工具栏中点击"旋转"按钮 ⟳，可以使画面进行顺时针旋转，且不会改变画面大小，如图 5-33 所示。图 5-34 为顺时针旋转 90°后的画面效果。

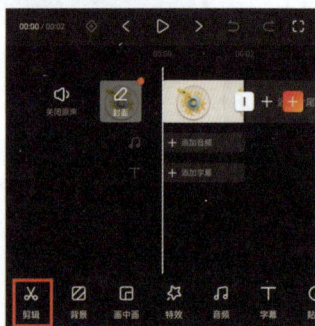

图 5-32

提示：通过旋转工具旋转画面具有一定的局限性，只能使画面进行顺时针 90°的旋转。若需要将画面进行任意角度的旋转，可以在轨道区域中选中该素材片段，然后在预览区域中通过双指旋转操控完成画面的旋转。

图 5-33

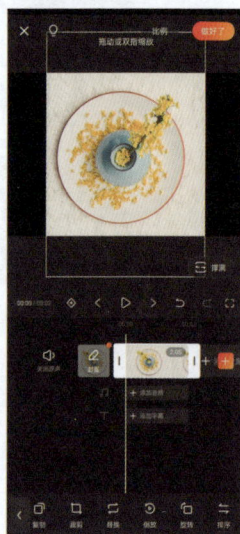

图 5-34

5.2.5 画中画工具：二次添加素材

"画中画"，顾名思义就是使画面中再出现一个画面。画中画工具不仅能使两个画面同步播放，还能实现简单的画面合成，常用于制作创意视频。例如，让一个人分饰两角，或者营造"隔空"对唱、聊天的场景效果。接下来将具体介绍在快影中使用画中画工具的具体步骤。

01 打开快影，在主界面中点击"开始剪辑"按钮，进入素材添加界面，选择红色灯笼视频素材，将其添加至剪辑项目中。

02 将时间线定位到需要添加烟花效果的位置，在未选中素材的状态下，点击底部工具栏的"画中画"按钮 ，如图5-35所示。进入素材添加界面，在"素材库"中点击并下载所需的烟花视频素材，下载后的烟花视频素材将自动添加至红色灯笼视频素材下方的轨道区域中，如图5-36和图5-37所示。

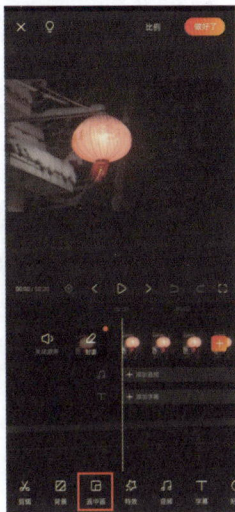
图5-35

图5-36

图5-37

03 在预览区域中将烟花视频素材放大，使其与红色灯笼视频素材重合，然后在底部工具栏中点击"混合模式"按钮 ，如图5-38所示。

04 打开混合模式选项栏后，选择"屏幕"效果，烟花视频素材中的黑色将被去除，如图5-39所示。

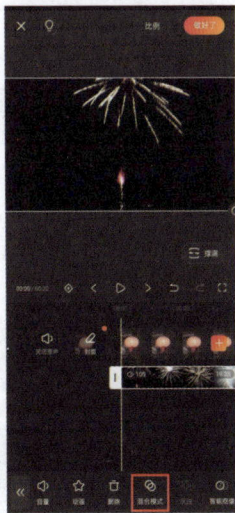
图5-38

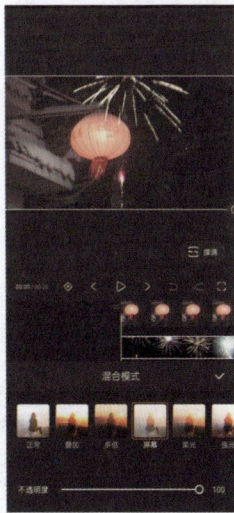
图5-39

05 完成所有操作后，点击视频编辑界面右上角的"做好了"按钮，将视频导出到手机相册。视频效果如图5-40所示。

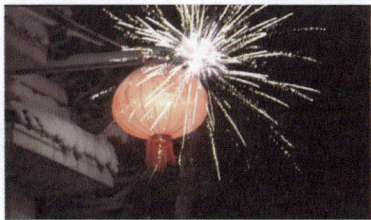
图5-40

5.2.6　动画工具：趣味装点画面

　　动画工具是如今许多短视频编辑软件都具备的一个基础功能，为视频添加动画会使视频效果更加丰富。接下来具体介绍在快影中为短视频添加动画的具体步骤。

　01　打开快影，在主界面中点击"开始剪辑"按钮，进入素材添加界面，将素材添加至剪辑项目中，在未选中素材的情况下，点击"动画"按钮☆，如图5-41所示。

　02　打开动画选项栏，其中有"入场动画""出场动画""组合动画"3个类别，如图5-42所示。这里以组合动画效果的添加为例进行介绍。

　03　点击"组合动画"按钮，在其中选择任意效果并将其应用到画面中，然后点击确定按钮确认操作，如图5-43所示。图5-44为添加"多层叠纸Ⅱ"效果的示意图。

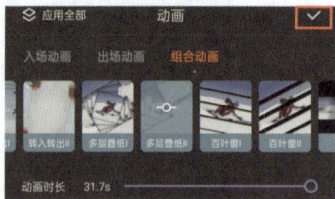

图 5-43

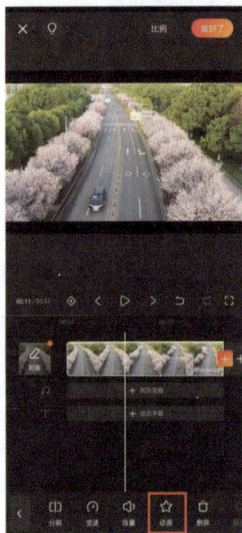

图 5-41

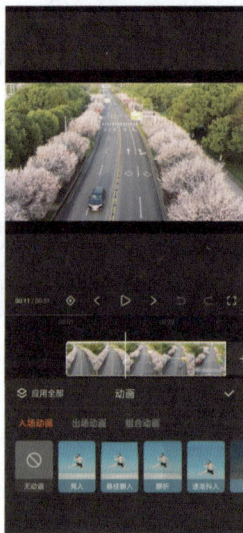

图 5-42

图 5-44

5.2.7　蒙版工具：画面局部显示

　　蒙版也可以称为"遮罩"，使用蒙版工具可以轻松地遮挡部分画面或显示部分画面，是视频编辑处理时非常实用的一种工具。

　01　在轨道区域中选中需要应用蒙版的素材片段，然后点击底部工具栏中的"蒙版"按钮◎，如图5-45所示。在打开的蒙版选项栏中，可以看到不同形状的蒙版，如图5-46所示。

图 5-45

图 5-46

02 在蒙版选项栏中选择任意形状的蒙版，并点击右上角的确定按钮，即可将蒙版添加至所选素材片段中，如图5-47所示。然后在预览区域中调整好蒙版的大小和位置，并拖动界面下方的滑块，调节蒙版的羽化度，如图5-48所示。

03 提高羽化度，可以使蒙版生硬的边缘变得柔和、自然，效果如图5-49所示。

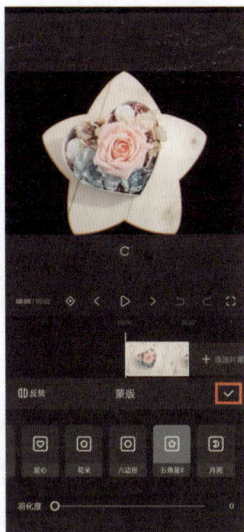

图5-47

图5-48

图5-49

5.2.8　调节工具：得到理想色调

调色是视频编辑中不可或缺的一项操作，画面色彩在一定程度上能决定视频作品的好坏。在快影中，用户如果对画面色彩不满意，可以通过手动调整亮度、对比度、饱和度等色彩参数，来营造自己想要的画面效果。

01 在轨道区域中选中需要调节画面色彩的素材片段，然后点击底部工具栏中的"调节"按钮，即可打开调节选项对选中的素材片段进行色彩调整，如图5-50和图5-51所示。

图5-50

图5-51

02 在未选中素材的状态下，点击底部工具栏中的"调节"按钮 ⚬ → "新增调节"按钮 ⚬，打开调节选项栏即可手动调节对比度、饱和度等色彩参数，如图5-52所示。

03 调节完成后，点击调节选项栏右上角的确定按钮，即可在轨道区域中生成一个可调整时长和位置的色彩调节素材，如图5-53所示。调节前后的效果如图5-54和图5-55所示。

图 5-52

图 5-53

图 5-54

图 5-55

5.2.9　画面定格工具：固定时间帧率

快影中的画面定格工具可以帮助用户将一个素材片段中的某一帧画面提取出来，并使其成为一个可以单独进行处理的图像素材。

01 打开快影，在主界面中点击"开始剪辑"按钮，进入素材添加界面，选中古风美女视频素材，并将其添加至剪辑项目中。

02 进入视频编辑界面后，点击播放按钮 ▶ 预览素材效果，如图5-56所示。

03 通过预览素材确定定格时间点。在轨道区域中，双指背向滑动，将轨道区域放大，如图5-57所示。

提示：在轨道区域中，双指背向滑动，可以将轨道区域放大；双指相向聚拢，则可以将轨道区域缩小。

图 5-56

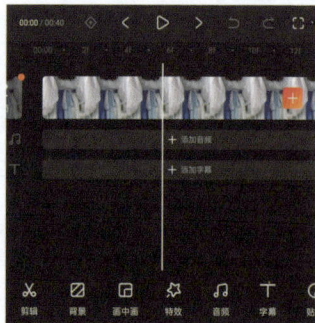

图 5-57

04 将时间线拖至第16秒的第2帧的位置，如图5-58所示。接下来将对该时间点的视频画面进行定格操作。

05 在轨道区域中点击素材缩览图，将素材选中。接着在底部工具栏中点击"画面定格"按钮 ⊙，如图5-59所示。

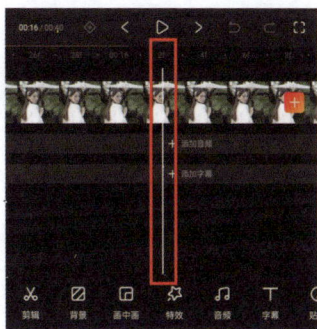

图5-58

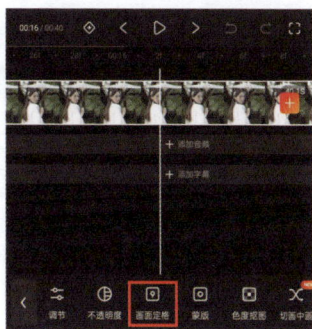

图5-59

提示： 轨道区域的上方是时间刻度，例如，当轨道区域最大化显示时，时间刻度上的"00:16"表示的是第16秒，而其后的"2f"则表示的是第2帧。

---

06 此时，在时间线后方将生成一个时长为3秒的静帧画面，同时整个剪辑项目的总时长由原来的40秒变为了43秒，如图5-60所示。点击播放按钮 ▷ 可对静帧画面进行预览，如图5-61所示。

画面定格工具便于用户提取视频素材的特定画面。提取后的画面通常是一个时长为3秒的图像素材。因为提取后的素材是独立素材，所以用户可以对其进行各类常规编辑操作。

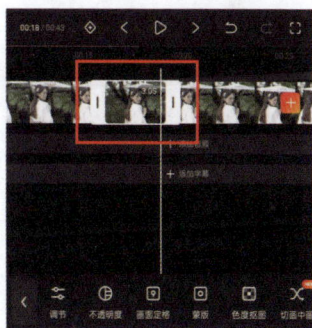

图5-60

5.2.10 倒放工具：制造倒放效果

我们在快手观看一些视频的时候，经常看到一些具有倒放效果的视频，其实其原理很简单，这些神奇的视频效果就是通过倒放工具制作出来的。接下来为大家介绍快影中的倒放工具。

01 打开快影，在主界面点击"开始剪辑"按钮，进入素材添加界面，选中瀑布视频素材，并将其添加至剪辑项目中。

02 进入视频编辑界面后，点击底部工具栏中的"剪辑"按钮 ✂，如图5-62所示。

03 在界面下方的工具栏中，向左滑动，找到并点击"倒放"按钮 ⊙，如图5-63所示。

图5-61

图5-62

图5-63

04 在视频编辑界面点击播放按钮 ▶ 预览素材效果，即可看到视频以倒放的形式进行播放。

图5-64

5.3 添加音效：渲染画面氛围

音乐在一段视频中既能够烘托视频主题，也能够渲染观众情绪，是视频不可分割的一部分。快影为用户提供了较为完备的音频处理功能，支持用户在剪辑项目中对音频素材进行音量调整、音频淡化处理、复制音频、删除音频和降噪处理等操作。

5.3.1 提取音频：快速添加配乐

快影支持用户对本地相册中拍摄和存储的视频进行音乐提取操作，简单来说就是将其他视频中的音乐提取出来并单独应用到剪辑项目中。在快影中提取音频的方法非常简单，具体如下。

01 将素材添加至视频编辑界面后，在未选中素材的情况下，点击"添加音频"按钮，如图5-65所示。

02 在音频添加界面选择"导入"栏中的"提取音频"选项，然后点击"从视频中提取声音"按钮，如图5-66所示。

03 在素材选择界面选择需要提取声音的视频，系统即可自动完成音频的提取。在音乐列表中点击"使用"按钮，如图5-67所示。完成音频的添加，如图5-68所示。

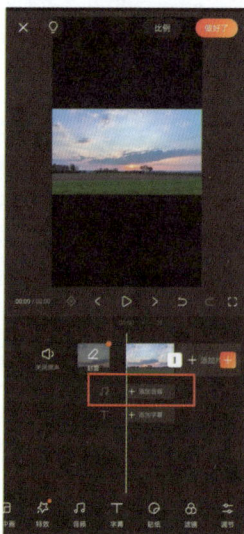

图5-65

图5-66

图5-67

图5-68

5.3.2 快手收藏：联动心仪音乐

作为一款与快手直接关联的短视频剪辑软件，快影支持用户在剪辑项目中添加快手中的音乐。在进行该操作前，用户需在快影主界面中切换至"我的"界面，登录自己的快手账号。通过这一操作，快影就与快手账户建立了连接，用户就可以直接在快影的"快手收藏"中找到在快手中收藏的音乐并调用了。其具体操作步骤如下。

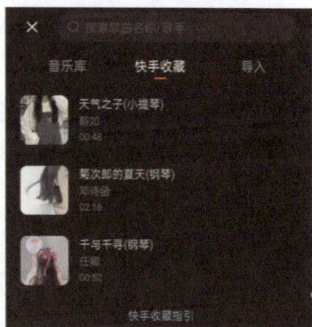

图 5-69   图 5-70

01 登录快手账号之后，用户可以重新进入视频编辑界面，点击底部工具栏中的"音频"按钮🎵→"快手收藏"按钮🎵，就可以看见在快手中收藏的音乐了，如图5-69和图5-70所示。

02 用户可以任意选择需要添加的音乐，然后点击音乐素材右侧的"使用"按钮 使用 ，即可将音乐添加至剪辑项目中，如图5-71和图5-72所示。

5.3.3 智能配音：科技助力创作

通过快影的"智能配音"功能，用户可以实时在剪辑项目中完成旁白的录制和编辑工作。用户在使用快影录制旁白前，最好连接上耳麦，有条件的话可以配备专业的录制设备，以有效地提升声音质量。其具体操作步骤如下。

01 在轨道区域中将时间线定位至音频开始的时间点，然后在未选中素材的状态下，点击底部工具栏中的"音频"按钮🎵→"智能配音"按钮🎤，如图5-73所示。

02 在"添加智能配音"界面中输入想要添加的文字内容，如图5-74所示。

图 5-71   图 5-72

图 5-73   图 5-74

03 完成文字内容的输入后，可以选择喜欢的"发音人"类型，随后点击"生成配音"按钮，如图5-75所示。

04 返回视频编辑界面，即可看到配音已添加至轨道区域中，如图5-76所示。

图5-75

图5-76

5.3.4 链接下载：快速导入音频

快影不仅支持用户提取本地视频中的音乐，也支持通过链接导入其他平台的音乐。下面以快手为例，介绍通过链接下载音频的具体操作方法。

01 在快手的视频播放界面，点击右侧的分享按钮，如图5-77所示。接着，在底部弹窗中点击"复制链接"按钮，如图5-78所示。

图5-77

图5-78

02 完成上述操作后，打开快影，点击底部工具栏中的"音频"按钮♫→"链接下载"按钮，如图5-79和图5-80所示。

图5-79

图5-80

03 将链接粘贴至搜索栏中，点击下载按钮，如图5-81所示。解析完成后，返回视频编辑界面，可以看到音频已自动添加至轨道区域中，如图5-82所示。

5.3.5 音效变声：方便、快捷、高效

看过游戏直播的用户应该知道，很多主播为了提高直播间人气，会使用变声软件，搞怪的声音配上幽默的话语，时常能引得观众捧腹大笑。

对视频原声进行变声处理，在一定程度上可以强化人物的情绪。对于一些趣味性或恶搞类短视频来说，音效变声可以很好地增强这类视频的幽默感。

图5-81　　　　　　　　图5-82

01 首先在轨道区域中将时间线定位至音频开始的时间点，然后在未选中素材的状态下，点击底部工具栏中的"音频"按钮 🎵 →"录音"按钮 🎙️，如图5-83所示。

02 进入录音界面，长按录制按钮 🎙️，即可进行录音，如图5-84所示。

图5-83　　　　　　　　图5-84

03 录音完毕后，点击"变声"按钮 🎙️变声，如图5-85所示。在打开的变声选项栏中，可以看到不同类别的变声选项，如图5-86所示，用户可以根据实际需求进行选择。

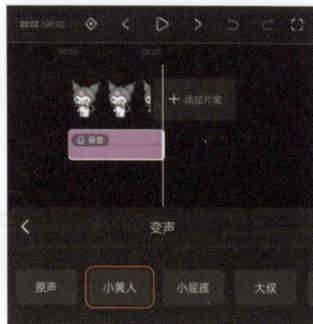

图5-85　　　　　　　　图5-86

5.4 添加字幕：吸引观众目光

在影视作品中，字幕是指语音内容以文字方式显示。我们平时不管是看电视剧、电影还是看短视频，都能看到字幕。那么在短视频中添加字幕有什么作用呢？观看短视频的行为是一个被动接收信息的过程，多数时候观众很难集中注意力，此时就需要用字幕来帮助观众更好地理解和接收视频内容。

在电商类短视频中，添加字幕能够很好地吸引观众的目光，从而引导观众发现商品的价值。在某种程度上，人们对于字幕的关注远高于视频画面，添加字幕可以帮助观众更好地接受短视频的内容。本节将为大家介绍一些短视频字幕添加与处理的方法。

5.4.1 字幕类型：锁定添加位置

一般来说，字幕按照影片放映时出现的先后顺序可分为片头字幕、片间字幕和片尾字幕。不同类型的字幕有不同的适用情况和特点，下面分别为大家进行介绍。

1. 片头字幕

在影视作品中，片头字幕主要介绍电影名称、制作团队和制作团队成员。而在短视频中，片头字幕通常就是短视频的标题，也就是每条短视频要表达的核心内容，同时也代表创作者对短视频的理解和感悟，如图5-87所示。

片头字幕通常没有声音，也不需要配音。在短视频中，片头字幕通常位于画面正中间，而且可以是带有特效的静态字幕（如3D文本等）或动态字幕（如滚动等）。

图5-87

图5-88

2. 片间字幕

片间字幕包括演员的对白、旁白、歌词等，通常是与声音和图像同步的，往往置于画面的底部或是两侧，没有过多的花哨效果，简单明了，在视频中起注释作用，如图5-88所示。

3. 片尾字幕

在影视作品中，片尾字幕一般是滚动字幕，包括所有参与者和合作伙伴。而在短视频中，片尾字幕则更多是起到引导观众点赞、关注的作用，如图5-89所示。与片头字幕一样，片尾字幕也是叠印在画面上的，且位于屏幕中最显眼的位置。

5.4.2 字幕效果：添加效果更生动

制作字幕后，用户还可以通过字幕功能列表中的其他功能按钮对字幕进行更多的编辑操作，使画面更加生动。

图5-89

1. 花字效果

快影中内置了很多花字模板，可以帮助用户一键制作出各种精彩的花字效果。用户可以根据自己的实际需求选择并添加合适的花字效果。

01 在快影中导入需要添加字幕的素材，点击底部工具栏中的"字幕"按钮 T →"加字幕"按钮 A⁺，如图 5-90 和图 5-91 所示。

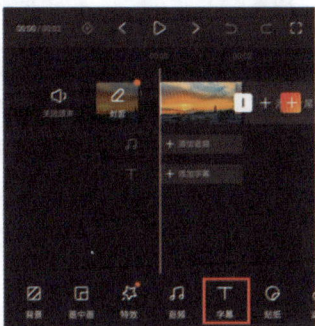
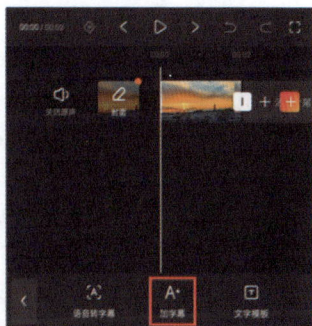

图 5-90　　　　　　　　　图 5-91

02 在文本框中输入符合视频主题的文字内容，如图 5-92 所示。

03 在界面下方切换至"花字"选项卡，并在选项区中选择需要使用的花字效果，如图 5-93 所示。

图 5-92　　　　　　　　　图 5-93

04 在预览区域中按住文字素材并拖动，调整好文字的大小和位置，效果如图 5-94 所示。

图 5-94

2. 底图效果

除了花字效果，快影还为用户提供了丰富的底图模板，能够帮助用户快速制作出精美的底图效果。下面介绍具体的操作方法。

01 在快影中导入需要添加字幕的素材，点击底部工具栏中的"字幕"按钮 T → "加字幕"按钮 A+，如图5-95和图5-96所示。

图 5-95

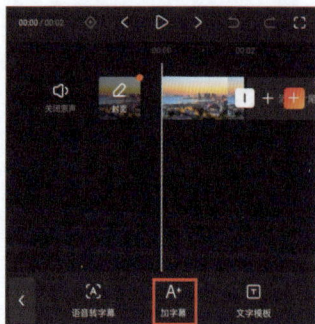
图 5-96

02 在文本框中输入符合视频主题的文字内容，如图5-97所示。

03 在界面下方切换至"底图"选项卡，并在选项区中选择需要使用的底图效果，如图5-98所示。

图 5-97

图 5-98

04 在预览区域中按住文字素材并拖动，调整好文字的大小和位置，效果如图5-99所示。

图 5-99

3. 动画效果

在剪辑项目中添加字幕后，可以为字幕添加动画效果，使单调的字幕变得更加生动有趣。快影中的字幕动画分为3种，分别是入场动画、出场动画和循环动画。下面就以入场动画为例，简要讲解为字幕添加动画效果的基本操作。

01 在快影中导入需要添加字幕的素材，点击底部工具栏中的"字幕"按钮 T → "加字幕"按钮 A+，如图 5-100 和图 5-101 所示。

02 在文本框中输入符合视频主题的文字内容，如图 5-102 所示。

03 在界面下方切换至"动画"选项卡，并在选项区中选择需要使用的动画效果，如图 5-103 所示。

图 5-100

图 5-101

图 5-102

图 5-103

04 在预览区域中按住文字素材并拖动，调整好文字的大小和位置，效果如图 5-104 所示。

图 5-104

5.4.3　语音转字幕：快速生成字幕

在使用手机制作一些解说、谈话类短视频时，经常会有大段的念白，在后期处理时需要为每句话添加相应的字幕。在传统的后期处理中，字幕制作需要创作者反复试听视频语音，然后根据语音卡准时间点将文字敲打上去，这样的做法势必会花费比较多的时间。

由于短视频讲求一定的时效性，在后期处理过程中，大家可以尝试一些便捷高效的字幕转换手法，来有效地节省一些不必要的时间。下面就为大家介绍语音转字幕的操作方法。

01　在快影中导入需要添加字幕的素材，点击底部工具栏中的"字幕"按钮 **T** →"语音转字幕"按钮 **A**，如图5-105和图5-106所示。

图5-105

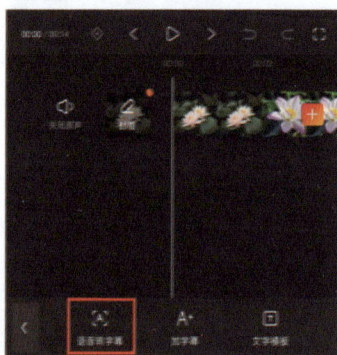
图5-106

02　在底部弹窗中点击"开始识别"按钮，如图5-107所示。等待片刻，识别完成后，轨道区域中将自动生成文字素材，如图5-108所示。

图5-107

图5-108

5.4.4　文字模板：创意字幕直接用

快影中内置了各种风格的字幕模板，用户利用该功能可以一键添加创意字幕，节省工作时间。下面详细介绍该功能的使用方法。

01　在快影中导入需要添加字幕的素材，点击底部工具栏中的"字幕"按钮 T →"文字模板"按钮 T，如图 5-109 和图 5-110 所示。

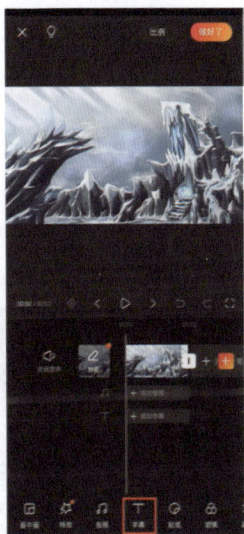

图 5-109

图 5-110

02　快影的文字模板有表情包、气泡、游戏、标记、节日等不同的类别，用户可以根据要制作的视频的类别进行选择。点击其中任意一款文字模板添加至画面中，如图 5-111 所示。

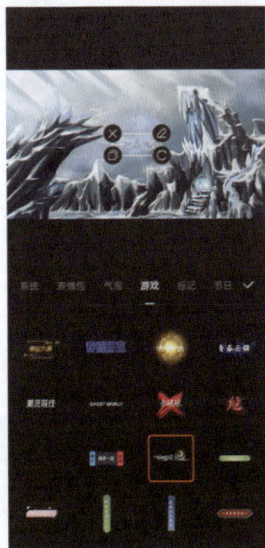

图 5-111

03　在预览区域中按住文字素材并拖动，调整好文字的大小和位置，效果如图 5-112 所示。

图 5-112

5.5 背景比例：让画面不再单调

剪映的比例调整功能可以帮助用户调整视频的比例大小，也可以快速将横版视频转换为竖版效果；而且用户如果对黑色背景不太满意，也可以使用剪映的"背景"功能，修改背景的颜色或者更换其他背景效果，使视频画面效果更加丰富。

5.5.1 画面比例：按需进行调整

在快影中，用户可以设置视频的画面比例，快手常用的画面比例是9:16，西瓜视频常用的画面比例是16:9，其他一些常用的画面比例为1:1、4:3、3:4等。合适的画面比例能够提升视频的质量，提高画面的美观程度。

01 打开剪辑项目，在素材未选中的状态下，点击底部工具栏中的"背景"按钮 ⬚，如图5-113所示。

02 在背景选项栏中点击"比例"按钮 ⬚，如图5-114所示，打开比例选项栏，即可看到多种比例选项。

 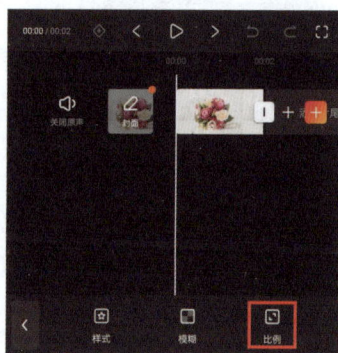

图5-113　　　　　　　　　　　　图5-114

03 选择不同的比例选项，可以打造不同的画面效果，如图5-115所示。

图5-115

5.5.2　背景画布：让画面不再单调

在编辑视频时，若素材画面没有铺满画布，势必会对视频观感造成影响。在快影中，用户可以通过"背景"功能来调整画布，以达到丰富画面效果的目的。

01 打开剪辑项目，在未选中素材的状态下，点击底部工具栏中的"背景"按钮 ⬚，如图 5-116 所示。

02 在背景选项栏中点击"样式"按钮 ⭐，如图 5-117 所示。

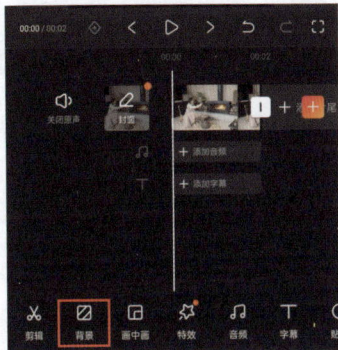　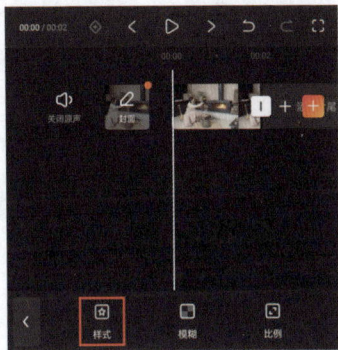

图 5-116　　　　　　　　　　　　图 5-117

03 在打开的选项栏中点击任意样式的背景画布，即可将其应用到画面中，如图 5-118 所示，完成操作后点击选项栏右上角的确定按钮即可。

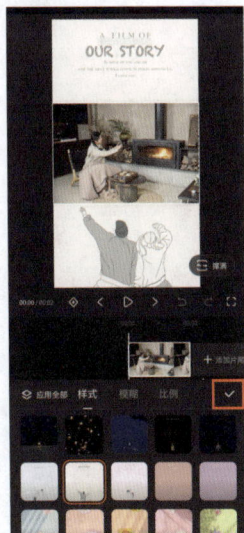

图 5-118

5.5.3　参数设置：保证视频的清晰度

为了更好地开展视频编辑工作，大家需要熟悉快影的各项输出参数设置，以保证视频的清晰度。

01 编辑好视频之后，点击界面右上角的"做好了"按钮，如图 5-119 所示。然后在底部弹窗中点击"基础参数"选项，如图 5-120 所示。

02 进入"参数设置"界面后，在其中可以对输出视频的分辨率进行设置，可设置为 1080P（超清）、720P（高清）或 540P（标清），如图 5-121 所示。

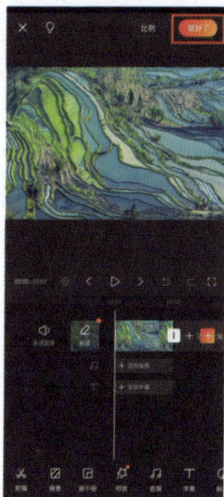

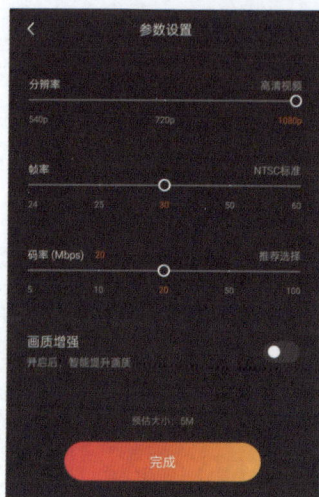

图 5-119　　　　　　　　　图 5-120　　　　　　　　　　　图 5-121

拓展讲解： 分辨率越高，拍摄出来的视频质量就越好，但是视频文件占用的存储空间也会越大。以主流的 1080P 全高清视频为例，拍摄一条 1 分钟的视频所需存储空间最少为 100MB，如果拍摄 2K 或者 4K 视频，所需的存储空间就会更大；而在实际拍摄中，要达到预期的创意或效果，一般会拍摄多遍或多段素材，所以我们务必要在手机中预留一定的存储空间，以确保拍摄工作能顺利进行。

5.6　平台互联：一键分享至快手

　　在快影中完成剪辑项目的处理后，于视频编辑界面中点击"做好了"按钮，再在底部弹窗中点击"导出并分享"按钮，可直接跳转至快手发布界面发布视频，具体操作如下。

01 编辑好视频之后，点击界面右上角的"做好了"按钮，如图 5-122 所示。

02 在底部弹窗中点击"导出并分享"按钮，可以跳转至快手发布界面，编辑好文案后即可上传并发布视频，如图 5-123 和图 5-124 所示。

图 5-122　　　　　　　　　图 5-123　　　　　　　　　图 5-124

第6章

快影进阶：
添加特效反差大

学习了快影的基础剪辑操作之后，接下来我们需要给单调的视频加上各种各样的动态效果，或者加一些新奇的特效，使平淡的视频充满特色，提高其吸引观众眼球的能力。快手上的视频种类非常多，如果仔细观察，可以发现添加特效后的视频与未添加特效的视频具有非常大的反差。相对而言，添加特效后的视频占的比例更大，这类视频也更受观众的喜爱。

6.1 添加转场：视频自然衔接

转场一般应用于相邻素材片段之间，主要是实现镜头之间的过渡和切换，它既标志着一个素材片段的结束，也标志着另一个素材片段的开始。若在前期的拍摄过程中没有充分利用好周围现有的资源，我们也可以通过后期添加转场制作出创意效果。

6.1.1 转场应用：让视频融为一体

在视频的后期处理中，除了需要添加富有感染力的音乐外，为各个素材片段之间添加合适的转场效果也至关重要。在两个素材片段之间添加转场效果，如叠化、翻页、电波等，可以使视频的衔接更加自然、有趣，制作出令人赏心悦目的过渡效果，大大增强视频作品的艺术感染力。此外，转场效果的应用还能在一定程度上体现创作者的创作思路，使视频作品不至于太过生硬。

下面将分别为大家介绍快影中的特效转场、运镜转场和遮罩转场。

1. 特效转场

特效转场类别中包含了闪电、魔法、震动分离、故障、放射等转场效果，这一类转场效果主要是通过光斑、射线等炫酷的视觉特效来实现两个画面之间的切换。图6-1至图6-3所示为特效转场类别中"魔法"转场效果的应用展示。

图6-1   图6-2   图6-3

2. 运镜转场

运镜转场类别中包含推近、拉远、顺时针旋转、逆时针旋转等转场效果，这一类转场效果会使画面在切换过程中产生回弹感和运动模糊效果。图6-4至图6-6所示为运镜转场类别中"拉远"转场效果的应用展示。

图6-4   图6-5   图6-6

3. 遮罩转场

遮罩转场类别中包含了翻页、星星、爱心、水墨、画笔擦除等转场效果，这一类转场效果主要是通过不同的图形遮罩来实现画面之间的切换的。图6-7至图6-9所示为遮罩转场类别中"爱心"转场效果的应用展示。

图6-7

图6-8

图6-9

上述的几种转场效果在快影中具有一定的代表性。除此以外，快影中还有很多其他类型的转场效果，如素材、前景、卡通、幻灯片等，用户在剪辑过程中可以根据实际需求进行选择。

6.1.2 场记板转场：趣味转换视频剧情

熟悉影视作品制作的用户对场记板应该并不陌生，场记板上面写着场次、镜次、导演、片名等，一端可以通过开合从而发出清脆的响声，作为每一个片段的开头标记，也便于剪辑人员在剪辑时识别各个片段。所以将场记板用作转场素材是十分实用的，这可以有效转换视频剧情，实现视频片段之间的自然过渡。

01 在快影中导入多个视频素材，点击第一个素材片段和第二个素材片段之间的图标，如图6-10所示。执行操作后，打开转场选项栏，如图6-11所示。

02 切换至"素材"选项卡，选择"场记板"转场效果，如图6-12所示。向右拖动"转场时长"滑块，调整转场效果的持续时间，如图6-13所示。

图6-10

图6-11

图6-12

03 点击"应用全部"按钮，将转场效果添加至所有素材片段之间，然后点击转场选项栏右上角的确定按钮，保存操作，如图6-14和图6-15所示。

图6-13 图6-14 图6-15

04 完成所有操作后，再为视频添加一首合适的背景音乐，然后点击视频编辑界面右上角的"做好了"按钮，将视频导出到手机相册。视频效果如图6-16和图6-17所示。

图6-16 图6-17

6.2 添加素材：润色视频画面

为视频添加素材不仅能够美化视频，还可以让视频更具独特的风格。在前面的章节中，大家已经学习了为短视频添加音效、添加字幕、添加转场等操作，通过这些操作基本可以制作出一个比较完整的短视频作品了。在此基础上，大家如果想让自己的作品更加引人注目，不妨尝试在画面中添加一些贴纸、魔法表情等装饰元素，在提高视频完整性的同时，还能为视频增添不少的趣味。

6.2.1 普通贴纸：创作好玩画面

普通贴纸在这里特指贴纸选项栏中没有动态效果的贴纸素材，如Emoji类别中的表情符号贴纸等。虽然这类贴纸本身不会产生动态效果，但用户可以自行为贴纸素材添加动画。

01 在快影中导入背景素材，点击底部工具栏中的"贴纸"按钮 ，如图6-18所示。

02 在贴纸选项栏中选择所需要的贴纸并将其添加至画面中，并在预览区域中调整好贴纸的位置，如图6-19所示。

03 在轨道区域中选中贴纸素材，然后点击底部工具栏中的"动画"按钮 ★，如图6-20所示。在打开的动画选项栏中为贴纸添加"爆炸Ⅱ"效果，如图6-21所示。

图6-18

图6-19

图6-20

图6-21

> **提示**：点击任意动画效果后，可在预览区域中对动画进行快速预览。在调整动画时长时，需要注意的是，数值越大，动画效果播放速度越慢；数值越小，动画效果播放速度则越快。

6.2.2　导入贴纸：添加专属贴纸

　　在快影中，用户不仅可以添加快影内置的贴纸，还可以在剪辑项目中添加自定义的贴纸。对于一些热衷于创作的用户来说，添加自定义贴纸可以帮助他们打造出许多意想不到的画面效果。在进行视频后期处理前，用户可以先准备一些PNG格式的图像素材，保存至手机相册，以便后续在快影中完成自定义贴纸的添加。

　　01 进入视频编辑界面后，在底部工具栏中点击"贴纸"按钮 ⓖ，如图6-22所示。打开贴纸选项栏后，点击右上角的确定按钮，如图6-23所示。

图6-22

图6-23

02 在界面底部点击"导入贴纸"按钮 ⏎，如图 6-24 所示。然后选择需要导入的图像素材，将其添加至视频画面中，如图 6-25 所示。

03 在预览区域中按住贴纸并拖动，调整好贴纸的大小和位置，效果如图 6-26 所示。

图 6-24

图 6-25

图 6-26

6.2.3 魔法表情：给视频加点料

在快影中，除了贴纸，用户还可以添加魔法表情，为画面增加动态效果。相较于普通贴纸来说，魔法表情由于自带动画效果，因此具备更强的趣味性和动态感，尤其对于丰富人物面部而言，是不错的素材添加选择。

01 创建剪辑项目后，在主界面中点击"开始剪辑"按钮，进入素材添加界面，添加所需要应用的素材，然后在底部工具栏中点击"剪辑"按钮 ✂，如图 6-27 所示。

02 在界面底部的工具栏中，向左滑动，找到并点击"魔法表情"按钮 ☺，如图 6-28 所示。

图 6-27

图 6-28

03 打开魔法表情选项栏，可以看到各种各样的效果选项，如图6-29所示。用户可以在该选项栏中选择所需要的效果，将其添加至画面中，完成后点击选项栏右上角的确定按钮，如图6-30所示。图6-31所示为应用了"言情女主"效果后的视频画面。

图6-29　　　　　　　　　　图6-30

图6-31

6.3　后期调整：提高视频质量

　　一条普通的视频很容易被淹没，若想让视频获得更多关注，就必须要提高视频的质量，在视频中添加一些复杂的效果或应用一些复杂的功能。除了前期的常规拍摄，视频的效果还取决于特效和滤镜的添加、美颜、防抖、降噪等功能的应用。

6.3.1　特效：增添视觉元素

　　快影为广大视频爱好者提供了丰富且酷炫的视频特效，能够帮助用户轻松实现开幕、闭幕、模糊、纹理、炫光、分屏、下雨、浓雾等视觉效果。只要用户具备足够的创意和创作热情，并灵活运用这些视频特效，就可以轻松、快速打造出吸引人眼球的"爆款"短视频。

01 在快影中导入4个古风图像素材，选中第一个素材，点击底部工具栏中的"背景"按钮，如图6-32所示。打开背景选项栏后，点击应用图6-33所示的样式，完成后点击选项栏右上角的确定按钮，然后按照上述方式为余下3个素材设置相同的背景。

02 将时间线定位至视频起始位置，在未选中素材的状态下，点击底部工具栏中的"特效"按钮，如图6-34所示。打开特效选项栏后，点击"边框"选项卡中的"简约线框Ⅱ"效果，完成后点击选项栏右上角的确定按钮，如图6-35所示。

图6-32   图6-33   图6-34   图6-35

03 在轨道区域中选中"简约线框Ⅱ"特效素材，按住特效素材后端向右拖动，使特效素材的后端与视频素材的后端对齐，如图6-36所示。

04 在轨道区域中选中第一个素材，点击底部工具栏中的"蒙版"按钮，如图6-37所示。在打开的蒙版选项栏中选择"圆形"蒙版，在预览区域中对蒙版的大小和位置进行适当调整，然后向右拖动界面下方的"羽化度"滑块，使蒙版边缘变得更加柔和，如图6-38所示。

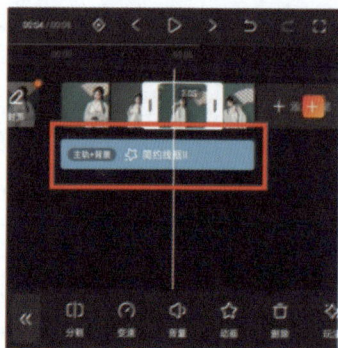

图6-36

 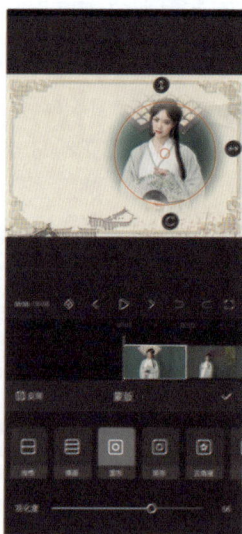

图6-37   图6-38

05 在轨道区域中选中第二个素材，点击底部工具栏中的"蒙版"按钮，如图6-39所示。在打开的蒙版选项栏中选中"圆形"蒙版，在预览区域中将蒙版调整成椭圆形并提高羽化度，然后将蒙版移动至画面左侧，完成后点击选项栏右上角的确定按钮，如图6-40所示。

06 在轨道区域中选中第三个素材，点击底部工具栏中的"蒙版"按钮，如图6-41所示。在打开的蒙版选项栏中选择"花朵"蒙版，然后在预览区域中对蒙版的大小进行适当调整并调整好羽化度，完成后点击选项栏右上角的确定按钮，如图6-42所示。

图6-39 　　　　　　　图6-40 　　　　　　　图6-41 　　　　　　　图6-42

07 在轨道区域中选中第四个素材，点击底部工具栏中的"蒙版"按钮，如图6-43所示。在打开的蒙版选项栏中选择"五角星‖"蒙版，然后在预览区域中对蒙版的大小进行适当调整并调整好羽化度，完成后点击选项栏右上角的确定按钮，如图6-44所示。

 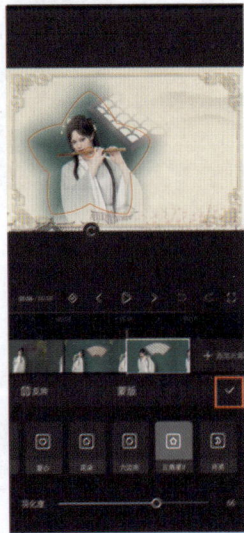

图6-43 　　　　　　　图6-44

08 将时间线定位至视频起始位置，在未选中素材的状态下，点击底部工具栏中的"贴纸"按钮，如图6-45所示。打开贴纸选项栏，在"古风"列表中点击所需的贴纸，并在预览区域中调整贴纸的大小及位置，完成后点击选项栏右上角的确定按钮，如图6-46所示。

09 按照步骤08的方式为余下的3个素材添加不同的花枝贴纸，如图6-47所示。

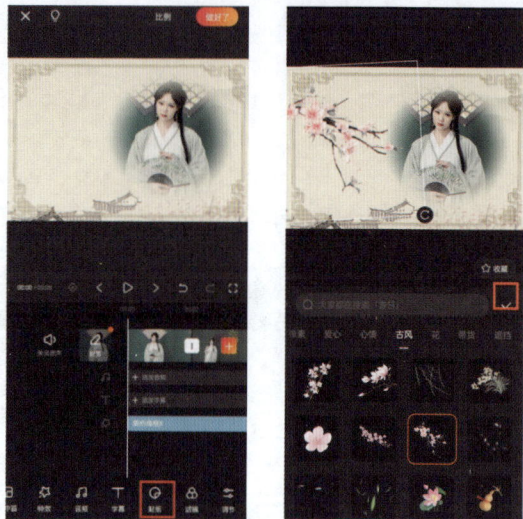

图6-45　　　　　　　　　图6-46

图6-47

10 在轨道区域中选中花枝贴纸素材，按住花枝贴纸素材后端向右拖动，使每一个花枝贴纸素材的后端都与相应的图像素材的后端对齐，如图6-48所示。

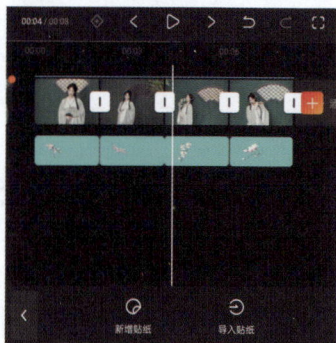

图6-48

11 将时间线定位至视频起始位置，在未选中素材的状态下，点击底部工具栏中的"特效"按钮→"新增特效"按钮，如图6-49和图6-50所示。

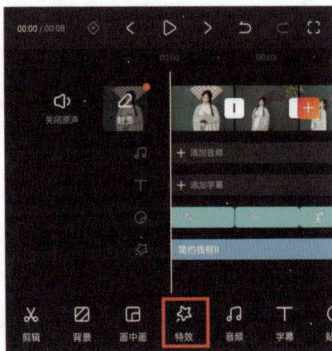

图6-49

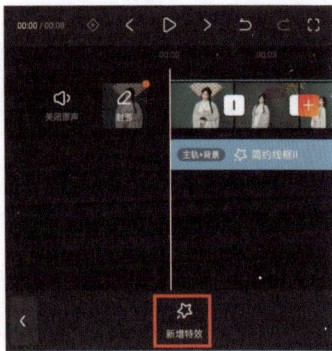

图6-50

12 打开特效选项栏后，点击"装饰"特效栏中的"桃花飘落"效果，完成后点击选项栏右上角的确定按钮，如图6-51所示。在轨道区域中选中"桃花飘落"特效素材，按住特效素材的后端向右拖动，使特效素材的后端与视频素材的后端对齐，如图6-52所示。

图6-51

图6-52

13 完成所有操作后，再为视频添加一首合适的背景音乐，然后点击视频编辑界面右上角的"做好了"按钮，将视频导出到手机相册。视频效果如图6-53和图6-54所示。

图6-53

图6-54

6.3.2　滤镜：优化画面色调

滤镜可以说是各大视频编辑App的一项必不可少的功能，它可以在一定程度上掩盖画面的不足，使画面更加生动、绚丽，还能烘托氛围，增强画面的故事性。快影为用户提供了数十种滤镜，合理运用这些滤镜，可以模拟各种艺术效果，并对画面进行美化，从而使视频作品更加引人瞩目。

在快影中，用户可以选择将滤镜应用到单个素材，也可以选择将滤镜作为一个独立的素材应用到某一段时间。下面为大家分别讲解其操作步骤。

1. 将滤镜应用到单个素材

01　在轨道区域选中视频素材，点击底部工具栏中的"滤镜"按钮，如图6-55所示。打开滤镜选项栏，在其中点击任意一种滤镜，即可将其应用到所选素材。

02　完成操作后点击选项栏右上角的确定按钮，此时的滤镜仅添加给了选中的视频素材。若需要将滤镜同时应用给其他视频素材，可在选择滤镜后点击"应用全部"按钮，如图6-56所示。

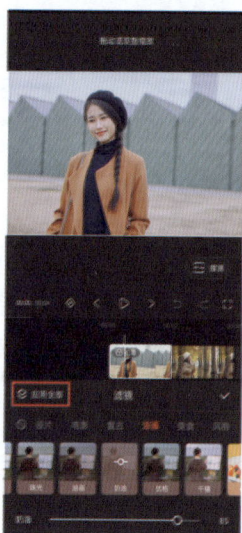

图6-55　　　　　　　　　图6-56

2. 将滤镜应用到某一段时间

01　在未选中素材的状态下，点击底部工具栏中的"滤镜"按钮→"新增滤镜"按钮，如图6-57和图6-58所示。

图6-57　　　　　　　　　图6-58

02 打开滤镜选项栏,在其中点击任意一种滤镜,完成后点击选项栏右上角的确定按钮 ✓,如图6-59所示。此时在轨道区域中将生成一段可调整时长和位置的滤镜素材,如图6-60所示。按住滤镜素材的前后端进行拖动可以对滤镜素材的持续时长进行调整,选中滤镜素材前后拖动即可改变需要应用滤镜素材的时间段。

6.3.3 美颜:修饰人物面貌

如今,无论是相机还是手机,其像素都越来越高,拍摄画面中人物面部的瑕疵常无所遁形,这时用户便可以使用快影内置的"美颜"功能,对人物面部进行美化处理。

图6-59   图6-60

1. 磨皮

在快影中进行人物磨皮的操作非常简单,在选中素材后,点击底部工具栏中的"美颜美体"按钮 ⊙,如图6-61所示。打开美颜选项栏,其中提供了多种选项。点击"磨皮"选项,拖动下方的数值滑块,可以对磨皮强度进行调整,如图6-62所示。用户在处理时可以根据人物肤色设置相应的磨皮强度,这样处理的效果会更加自然。

2. 美白

如果磨皮之后,对人物面部的肤色还不满意,或者因光线较暗导致人物面部暗沉,还可以在美颜选项栏中,切换至"美白"选项,通过拖动相应滑块对面部进行美白处理,如图6-63所示。

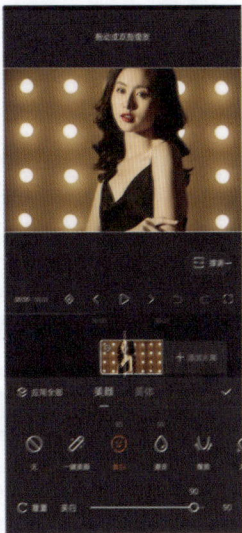

图6-61   图6-62   图6-63

除了上述所讲的磨皮和美白处理外，在美颜选项栏中，用户还可以切换至"瘦脸""大眼""瘦鼻""V脸""小脸"等选项，通过拖动相应滑块对面部进行处理。图6-64和图6-65所示为利用美颜功能前后的人物效果对比。

图6-64 　　　　　　　　　　　　　　　　　　 图6-65

6.3.4　防抖：稳定视频画面

如果用手拿着相机或者手机来拍摄视频，通常无法避免抖动的现象发生，这会影响视频画面的稳定性。在后期剪辑的时候，用户可以使用快影的"防抖"功能，缓解画面的抖动，从而提升视频的质量。

01 创建剪辑项目后，在主界面中点击"开始剪辑"按钮，进入素材添加界面，添加所需的素材，然后在底部工具栏中点击"剪辑"按钮 ✂，如图6-66所示。

图6-66

02 在界面底部的工具栏中，向左滑动，找到并点击"防抖"按钮 🔲，如图6-67所示。

03 打开防抖选项栏，可以看到"极速""标准""最佳"3个防抖选项，如图6-68所示。用户可以根据自己的实际需求进行选择。

04 点击所需要选择的选项，然后点击选项栏右上角的确定按钮，系统将自动进行防抖处理，如图6-69和图6-70所示。

图6-67 　　　　　　　　　　　　　　　　　　 图6-68

图6-69   图6-70

6.3.5 降噪：减弱声音干扰

在日常拍摄时，由于环境因素的影响，视频中或多或少会夹杂着一些杂音，非常影响观看体验。快影为用户提供了"降噪"功能，用户可以方便地去除视频中的各类杂音、噪音等，从而有效地提升视频的质量。

01 创建剪辑项目后，在主界面中点击"开始剪辑"按钮，进入素材添加界面，添加所需的素材，然后在底部工具栏中点击"剪辑"按钮✂，如图6-71所示。

02 在界面底部的工具栏中，向左滑动，找到并点击"降噪"按钮，如图6-72所示。

03 在打开的降噪选项栏中，"降噪"功能为关闭状态，点击开关按钮将"降噪"功能打开，快影会自动进行视频降噪处理，如图6-73所示。

04 完成降噪处理后，降噪开关变为开启状态，用户可以通过滑动界面下方的滑块来调整降噪强度，然后点击选项栏右上角的确定按钮，保存降噪操作，如图6-74所示。

图6-71

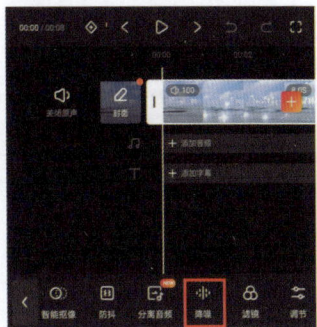

图6-72

图6-73

图6-74

6.4　视频模板：创作热门快手短视频

对于刚刚接触短视频制作，不了解短视频拍摄技巧和制作方法的人来说，快影中的"模板"功能无疑会让他们爱不释手。通过"剪同款"功能，用户可以轻松套用视频模板，快速且高效地制作出同款短视频。

6.4.1　搜索模板：海量模板尽情选用

在快影的主界面中，切换到"剪同款"界面后，可以看到"推荐""卡点""玩法""老铁天地"等众多视频模板。用户可以根据自己的实际需求进行选择，也可以自行搜索想要的模板。

01 打开快影，首先映入眼帘的是其主界面，如图6-75所示。在界面的底部点击"剪同款"按钮，进入"剪同款"界面，如图6-76所示。

图6-75

图6-76

02 在"剪同款"界面顶部的搜索栏中输入相应内容后进行搜索，即可找到相应的视频模板，如图6-77和图6-78所示。

图6-77

图6-78

6.4.2　应用模板：一键生成，简化操作

使用快影视频模板的方法非常简单，用户只需手动添加视频或图像素材，就能够直接将他人编辑设定好的视频参数套用到自己的视频中，快速且高效地制作出有特效、有音乐、有转场效果等的完整视频。

01　在确定需要应用的视频模板后，点击模板视频下方的"制作同款"按钮，进入素材添加界面，如图6-79和图6-80所示。

图6-79　　　　　　　　　　图6-80

02　在素材添加界面底部，软件会提示用户需要选择几个素材，以及视频素材或图像素材的所需时长。在完成素材选择后，点击"选好了"按钮，等待片刻即可生成相应的视频，如图6-81所示。

03　生成的视频中会自动添加视频模板中的文字、特效及背景音乐，在编辑界面中不仅可以对视频效果进行预览，还能对视频进行简单的编辑和修改，如图6-82所示。

图6-81　　　　　　　　　　图6-82

04 点击界面下方的"点击编辑"选项，可以预览视频，拖动或缩放裁剪框可以调整内容显示区域，也可以点击界面下方的"替换素材"按钮，重新选取视频素材，如图6-83和图6-84所示。

05 如果需要修改文字，可以点击"文字编辑"选项，在文本框中对视频中的文字进行修改，如图6-85所示。

| 图6-83 | 图6-84 | 图6-85 |

06 完成视频编辑之后，点击界面右上角的"做好了"按钮，将视频导出至手机相册，视频效果如图6-86和图6-87所示。

图6-86　　　　　　　　　　　　　　图6-87

6.4.3　卡点视频：导入图像，直接生成

卡点视频就是把自己录制好的视频和音乐搭配在一起，让视频的节奏跟上音乐的节奏。制作卡点视频的关键就是要熟悉音乐，把握好音乐的节奏。相比于其他类型的视频，卡点视频的制作是非常简单的，尤其是可以使用模板。

01 在快影的"卡点"模板中，选择一款热门的卡点视频模板，点击卡点视频模板下方的"制作同款"按钮，进入素材添加界面，如图6-88和图6-89所示。

02 在素材添加界面，按照自己所需的顺序添加相应数量的素材，然后点击"选好了"按钮，如图6-90所示。跳转至编辑界面，此时可以选择"视频编辑"或"文字编辑"选项，这里选择"视频编辑"，如图6-91所示。

03 完成调整操作后，点击右上角的"做好了"按钮，即可将视频导出并保存至本地相册。视频效果如图6-92和图6-93所示。

图6-88

图6-89

图6-90

图6-91

图6-92

图6-93

第7章

快手运营：
多种技巧综合使用

　　运营者在快手账号运营工作中可以综合使用多种运营技巧，全方位增强账号竞争力。快手账号运营技巧主要包括发布技巧、互动技巧、涨粉技巧、热门技巧和分析技巧这五大方面。本章将为大家详细说明快手账号运营技巧的相关内容，帮助大家把握好短视频发布节奏，实现互动涨粉，实时监测短视频的后台数据，并及时记录、调整。

7.1 发布技巧：视频发布有讲究

短视频发布是运营者日常工作中的重要内容。在快手的视频信息填写与发布界面，有几个可以做好快手账号推广的重要方法，分别是@朋友、加入话题、添加位置。另外，在快手视频发布方面，运营者还可以从选定发布时间和利用渠道引流这两方面着手进行账号运营。下面为大家依次介绍这些内容。

7.1.1 @朋友：蹭取部分达人流量

在快手的视频信息填写与发布界面，运营者可使用"@朋友"功能，想要谁看到该视频就可以@谁。快手平台会让被@的用户在第一时间看到视频发布的提醒消息，使视频被更多人看到，提高视频的播放量。

运营者可以通过@快手达人账号给自己带来一定的播放量。在视频信息填写与发布界面，点击"@朋友"按钮即可选择自己关注的快手账号，如图7-1所示。

除了@快手达人账号为视频引流外，运营者还可以@快手的官方账号，争取视频被官方账号转发。例如运营者可以在发布视频时，@快手的官方账号"今天拍点啥"，如果视频创意能够被该账号认可，该视频就可以被"今天拍点啥"转发，还可以通过粉丝头条登上快手热门。图7-2所示为"今天拍点啥"的账号主页以及其转发的某个视频作品。

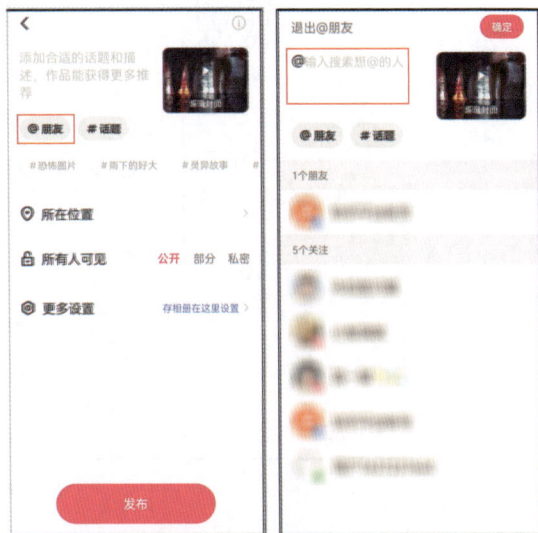

图7-1

图7-2

7.1.2 加入话题：轻松获得曝光

添加话题能够让快手快速识别到视频内容所触及的领域，然后系统会自动将该视频推荐给喜欢这个话题的用户，增强用户的黏性，提高用户的活跃度。加入话题的方式很简单，在发布视频动态或图片动态时，点击"#话题"按钮，输入与视频内容相关联的话题关键词，然后点击"确定"按钮进行发布即可，如图7-3所示。

图7-3

关于添加、参与话题的相关内容在本书1.3.2小节中有详细说明，有需要的读者可以跳转至对应书页查看相关内容。

7.1.3 添加位置：提高视频曝光度

快手的视频推送机制包括地域推送，用户能够在快手首页的"同城"界面中收到同城的视频推送（见图7-4），因此在视频中添加位置也能提高视频的曝光度。

在快手平台中，位置的添加是手动输入并选择的，这意味着运营者可以根据运营需求设置位置，由此锁定特定区域的目标用户。尤其是对于探店类视频而言，通过添加地点将准确位置告知浏览用户，并且将探店类视频推送给对应地区的用户，能够达到有效推广和精准引流的目的。

运营者可以在视频信息填写与发布界面为视频添加地点信息，具体操作步骤如下：进入视频信息填写与发布界面，点击"所在位置"按钮，在手机的定位信息中选择地点或者直接在搜索框中

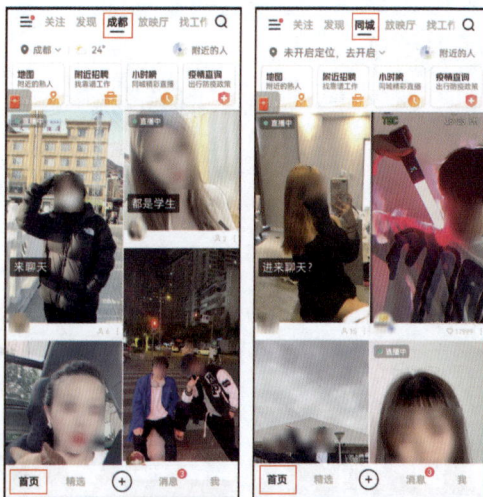

图7-4

输入准确地点即可,如图7-5所示。

图7-5

7.1.4 发布时间:合适的时间很重要

在发布快手时,什么时间发布视频的效果最好?互动量与发布时间有什么关系?通过大数据不难发现其中是有一定规律的。

在发布快手时,建议大家保持合理的发布频率,以每天3~5条为基本,并进行精细化的管理,保持视频的活跃度,让每一条视频都尽可能上热门。如果想要作品被更多人看到,还应选择在线用户多的时候发布视频。

据统计,快手用户在使用手机"刷"视频最多的场景是在饭前和饭后,在这段时间内超过一半的用户会"刷"动态,也有一部分用户会利用碎片化时间看动态,比如地铁上、回家路上、上卫生间时。如果是周末、节假日以及晚上入睡前,用户的活跃度会更高。由以上讯息得出,最适合发布快手动态的时间段为以下3个:

(1)星期五晚上的6点~12点;

(2)周末和节假日;

(3)工作日晚上的6点~10点。

以上时间段只是一个参考,大家可以根据实际情况选择最适合自己的发布时间。一条同样的视频在不同的时间发布效果也有所不同,流量高峰期被用户看到的可能性更大。如果一次性录制了好几条视频,切记不要一次性一起发布,每个视频的发布时间都要有一定的间隔。

7.1.5 渠道引流：多平台联动引流

多平台联动引流最重要的就是使用多种互联网平台。这些已经发展成熟的互联网平台，如微信、微博、QQ、QQ音乐、网易云音乐等，都拥有大量的活跃用户群体，并且与快手用户群体存在很高的重合率。运营者若是能在这些互联网平台中，为快手账号进行内容宣传与引流，将其他互联网平台账号的粉丝转化为快手账号的粉丝，就能够显著提升快手账号运营效果。

下面以微信、QQ和音乐平台为例，为大家介绍相关的引流策略。

1. 微信引流

微信目前已经实现国内移动互联网用户的大面积覆盖，是国内最大的移动流量平台之一。微信朋友圈、微信群、微信公众号中的用户都可以被转化到快手中。

运营者可以在微信朋友圈中发布快手短视频，引导、吸引微信好友关注自己的快手账号，也可以直接将快手短视频转发至朋友圈。图7-6所示为直接将快手短视频转发至微信朋友圈的展示效果示例。

如今运营者大多拥有数个微信群，在微信群中发布自己的快手账号作品，也能提高作品的曝光率。但是在微信群中发布快手账号作品时，运营者应该尽量与在快手发布作品的时间同步，同时要注意作品的质量，且不宜频繁发布。

图7-6

另外，运营者可以在官方平台购买微信小程序和微信公众号的信息流广告为快手账号进行引流。

2. QQ引流

QQ是最早的网络通信平台之一，背靠腾讯，拥有强大的资源优势及庞大的用户群，是运营者可以充分利用的引流渠道。

运营者可以将QQ名称改成快手账号名称，个性签名设置为一句引导用户关注的话，提高快手账号的曝光率。QQ空间也是运营者能够充分利用的渠道，运营者将QQ空间的访问权限设置为所有人可见之后，可在QQ空间中发布快手短视频进行引流。运营者还可以创建、加入一些与快手账号运营互动相关的QQ群，与群友交流，以此进行引流。图7-7所示为与快手账号运营相关的QQ群示例。

图7-7

3. 音乐平台引流

短视频离不开配乐，选择契合视频内容的音乐能够为视频增色。所以运营者还可以借助网易云音乐、QQ音乐等音乐平台进行引流，在音乐平台上传带快手水印的视频作品，或者在视频配乐的评论区为快手账号引流。

下面以QQ音乐为例，为大家简单介绍使用音乐平台引流的相关操作。

运营者在QQ音乐中主要可以从社区动态与歌曲评论区两个方面着手进行引流。

（1）社区动态

QQ音乐中的"社区"功能界面是其社交核心界面，其全称为"扑通社区"，是一个互联网音乐娱乐文化社区。

扑通社区涵盖了音乐、明星、影视综艺、生活等多个年轻群体喜欢的兴趣领域——"扑通小组"，创造出了以兴趣会友的独立交流地，运营者可以在符合视频配乐主题或风格的扑通小组中分享自己的快手视频作品。

另外，扑通社区中以信息流方式呈现的"扑通广场"，能够轻量灵活地承载网络及社区的热点事件，支持用户发布"文字＋图片"或"文字＋视频"形式的动态。图7-8所示为QQ音乐的"扑通社区"入口，点击界面右下角的 按钮即可进入发布动态的信息编辑界面（见图7-9）。

运营者可以发布带有快手账号信息的图文动态，也可以将与配乐高度相关的快手视频作品，以"文字＋视频"的形式发布，并且在文案中补充快手账号的信息。动态发布成功后，会显示在扑通广场中，被众多QQ音乐用户看见。图7-10所示为扑通广场动态推送示例。

"文字＋视频"形式的动态发布后，不仅会在扑通广场中显示，还会将作为配乐的相关音乐推送给查看动态的QQ音乐用户。用户点击音乐播放界面的"播放视频"按钮 ，跳转至视频播放界面，可以查看相关视频，QQ音乐的视频播放界面与快手的视频播放界面较为相似，同样也是上下滑动以查看不同视频，如图7-11所示。

图7-8

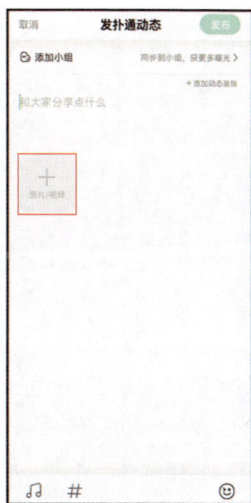

图7-9

图7-10

（2）歌曲评论区

运营者可以在QQ音乐的热门歌曲的评论区进行留言，争取用精美的文案获得更多人的点赞，提升评论的显示排名。发布在歌曲评论区的文案应该和歌曲具有一定的关联性，并能够引发其他用户的情感共鸣，同时隐晦提及快手账号或视频作品，实现引流。

图 7-11

7.2 互动技巧：用户运营必不可少

用户运营是快手账号运营工作中必不可少的重要环节。要想运营好快手账号，实现播放量和粉丝量的增长，一定要做好用户运营。而用户运营的核心在于与用户互动，对用户进行深入管理。本节将详细向大家介绍如何在快手中与粉丝互动，与粉丝一起"玩耍"，形成自己的"社群"。

在运营快手账号时，很多运营者并没有把自己视为一个触及账号运营各个环节的运营者，更多的只是把自己当成内容的生产者，忽略与用户的互动。这种身份认知会导致运营者只是专注于做内容输出，很少与用户沟通交流，从而忽视用户的感受。长期下来，即使账号能够产出优质的视频内容，也只会缓慢发展，不能够实现粉丝量的快速增长，甚至会让账号的运营与发展遭遇瓶颈。因此，私信和评论区这两个连接账号运营者和用户的功能版块，需要运营者引起重视并好好利用起来。

7.2.1 私信管理：通过消息建立沟通

快手平台支持用户之间利用"私信"功能进行一对一的非公开交流，因此运营者可以利用"私信"功能与用户沟通，实现引流。

私信对话中支持发送文字、图片和趣味表情，且用户之间以一对一的形式交流，能够保证目标用户收到引流信息。私信引流时，运营者要注意话术，讲礼貌，多用打招呼的语气开场，这样不容易引起用户的反感。准确把握用户的兴趣点对引流效果的提升非常重要，运营者应该事先观察目标用户喜爱的内容，并结合账号的视频作品进行引流推荐。如果发送的是文字信息，运营者要尽量避免使用敏感词，防止被系统认定是营销内容。

图7-12所示为运营者进行私信引流的示例。

图 7-12

7.2.2 评论区管理：回复评论，良性互动

在评论区，运营者可以和用户直接进行公开交流，并且可以同时与多位用户进行互动，后续查看评论区的用户也能看到相关内容。因此，评论区的互动引流效果具有很长的时效性。

运营者在评论区与用户互动的方式包括回复用户的评论、点赞用户的评论等，如图 7-13 所示。

评论区管理工作的"重头戏"是在评论区引流。快手账号的评论区中基本都是快手账号的精准受众，而且都是活跃用户。运营者可以编辑好一些引流话术，在评论区进行留言引流。评论区引流有两种情况：在自己的评论区引流和在其他博主的评论区引流。接下来分别为大家介绍这两种情况。

1. 在自己的评论区引流

在自己的评论区引流主要是将快手中的流量引导至其他平台。通常来说，在评论区留言的用户和浏览评论区的用户都是对视频有一定兴趣的用户，这些就是运营者应该重点把握的精准用户。为了将这些精准用户引导至目标平台，运营者可以准备一些引流话术，发表在评论区，或者用这些话术回复用户的评论。不同的引流目的适用不同的引流方式。

图 7-13

另外，运营者也可以发布一个引流介绍视频，将引流话术与宣传内容囊括到视频中，并在评论区适当引导用户。随着互联网的快速发展，线上电商崛起，很多线下店铺都开始在线上平台运营自己的账号，建立社群，吸引更多用户光顾线下店铺。对

于这类运营者，发布引流介绍视频是一种不错的运营方式，可以将线上的粉丝引导至线下店铺，完成流量转换，为线下店铺带来实际收益。

图7-14所示为某线下店铺在快手平台开通的账号，该账号运营者就专门制作发布了一系列介绍线下店铺的视频，为线下店铺进行宣传引流，并且还在评论区留言，进一步向用户进行宣传引流。

2. 在其他博主的评论区引流

运营者有时也会在其他博主的评论区引流，但不能盲目进行，而是要做一定的选择，避免无效运营。运营者需要注意以下3点。

① 选择同领域或相关领域的博主或视频，确保吸引的都是有效流量。

② 选择高热度视频的评论区，保证用户看到这条评论的可能性较大，且具有足够的引流曝光度。

③ 注意引流的方式与尺度，避免因为引起其他博主的反感而被删除评论。

图7-15所示为快手平台动漫领域的某博主的账号主页，该博主分享的内容主要是玩偶变装与场景秀，玩偶周边产品的制作、改造与开箱等，吸引了很多对玩偶感兴趣的用户，这些用户显然都是该账号的精准用户。因此，不仅经常有用户在评论区询问玩偶产品的获取途径和手工制作的具体过程，很多玩偶周边产品的制作者也会在评论区发布相关信息（见图7-16），借助和博主视频内容的相关性，向评论区中的这些精准用户宣传自己。

图7-14

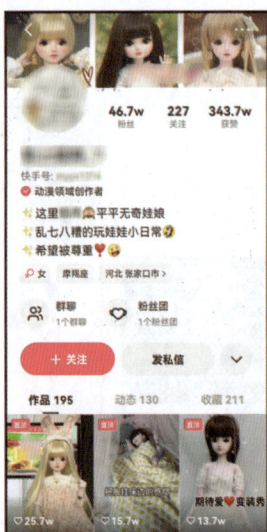

图7-15

图7-16

计划在快手平台宣传或售卖化妆品、护肤品、服装等产品的运营者可以多关注一些美容、护肤、穿搭等领域的相关账号，因为这类账号的粉丝大多都是其目标用户。评论同领域账号的视频的特点是，流量不一定大，但肯定精准。当用户想查找某个领域的热门账号或热门视频时，可以直接在搜索框中输入具体的产品关键词，就可以看到很多细化的关联内容，点击相关词条即可找到很多热门视频。例如在搜索框中搜索"美白保湿"，列表中会显示"美白保湿面膜""美白保湿水"等关联词条，运营者点击具体的词条，并在搜索结果中选择排名靠前的热门视频进行评论留言即可，如图 7-17 所示。

除了在同领域的账号的视频中发表评论外，还有一种方法是直接评论热门视频。评论热门视频的特点是，流量大、竞争大。利用热门视频引流有两个诀窍。

① 利用小号在热门视频中进行评论，例如在评论区留言"想看更多精彩视频请点击'xxx'（你的大号的名称）"。使用这个方法时需要注意的一点是，小号的头像、简介、背景图等资料都要专业并且领域垂直，这样吸引的用户才精准。

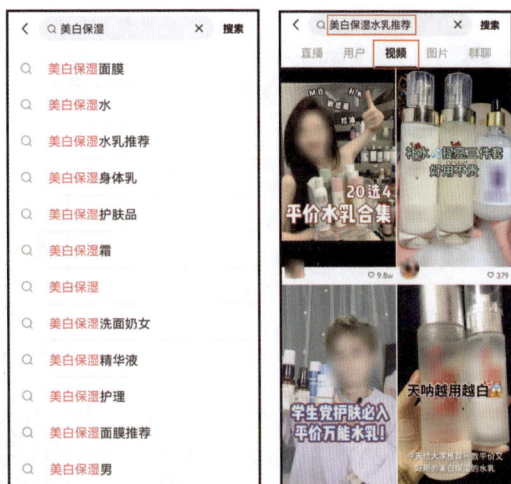

图 7-17

② 直接利用大号在热门视频中进行评论，例如在评论区留言"想看更多精彩视频，点我有惊喜。"使用大号进行评论时需要注意的是次数不能过于频繁。

7.3 涨粉技巧：拓宽私域流量池

快手拥有 10 多亿位用户，平均日活跃用户有 3 亿多位，拥有众多的用户和庞大的流量。对于运营者来说，拓宽自己的私域流量池也是运营工作的重点。本节将指导大家利用快手的用户与流量，通过一些涨粉技巧吸引目标用户，实现精准涨粉，实现私域流量池的拓宽。

7.3.1 吸引粉丝：维持人设，吸引关注

许多快手账号之所以能够吸引众多用户长期关注，是因为其运营者为账号打造了一个具有吸引力的人设。因此，运营者只有为账号打造一个让用户记得住的、足够吸睛的人设，并且长期维持账号人设，才可以持续吸引用户，获得更多的粉丝。

每个运营者身上都有自己的亮点，而且做自己擅长的事情才是正确的发展道路。所以运营者只需找到自己的亮点，将亮点融入账号的内容生产与运营中，就会相对轻松地吸引到一批粉丝。因此，找到自己的优势、特长是确定人设的前提。

确定好自己的优势与特长之后，打造一个人设并不难。运营者只要从 5 个方面着手即可，如图 7-18 所示。

图 7-18

1. 形象个性

我们对一个人的第一印象往往源于其形象个性。你的外貌特征、穿着造型等方面都展现着你的形象个性，能够给旁人留下记忆点。快手账号的名称、头像及作品等代表的就是快手账号的形象个性。

例如图 7-19 所示的某舞蹈博主，她的特点就是嘻哈风格的造型以及戴口罩跳舞，其每一个作品基本上都是一个人在安静环境下跳舞。大家在提起她时就会想到：一个戴着口罩、穿着嘻哈风格服装的女孩或一个专注跳舞的舞蹈博主。

当运营者在快手账号的名称、头像中加入一些个人风格的内容，特别是在发布的作品中加入专属于自己的特点时，就能给用户留下印象，这样你的人设也会快速建立起来。标志性的笑容、独特的造型、具有个人风格的着装、特定的视频背景等，都可以帮助运营者打造账号人设。

图 7-19

2. 兴趣爱好

运营者在给账号打造人设的时候，一定要选择自己感兴趣的方向，并且要有一定的经验，这样才能持续输出相关内容。或者说，运营者应该坚持自己的优势与特长，扬长避短地输出内容，并坚持运营。

例如，某手工领域博主除了会做多种可爱有趣的手工作品之外，平时最喜欢的事就是带着孩子一起做手工，因此树立了一个"爱和孩子做手工的巧手妈妈"人设。她在快手拥有 300 多万名粉丝，并深受粉丝的喜爱，这就是鲜明的人设在快手账号中的优势。图 7-20 所示为该博主的快手账号主页及相关作品展示界面。

图 7-20

3. 结合自己的生活

脱离现实生活的内容，并不适合快手这样一个"接地气"的短视频平台，并且会为运营者的内容创作增加成本与难度。因此，运营者在打造账号人设的时候，应该结合自己的真实生活，创作贴合自己生活环境的内容，例如快手中有很多情侣账号和夫妻账号、拍摄 vlog 的短视频账号等，其运营者就是以自己的生活为素材，这样既能打造专属于自己的独特人设，还能用不同的方式记录和分享自己的生活。

图7-21所示为快手某博主发布的快手作品列表与作品详情。该博主就以自己的日常生活为主题拍摄vlog，打造了一个热爱生活、用心记录生活的普通人的美好人设。虽然该博主发布的作品数量不多，但是每一个作品都收获了不错的数据。这样设定账号人设后，运营者就可以"轻松做自己"，根据日常生活持续更新，不用担心没有拍摄内容的问题。

4. 标志性用语

标志性用语指的是运营者在视频中加入口头禅等。很多时候，视频中一句多次

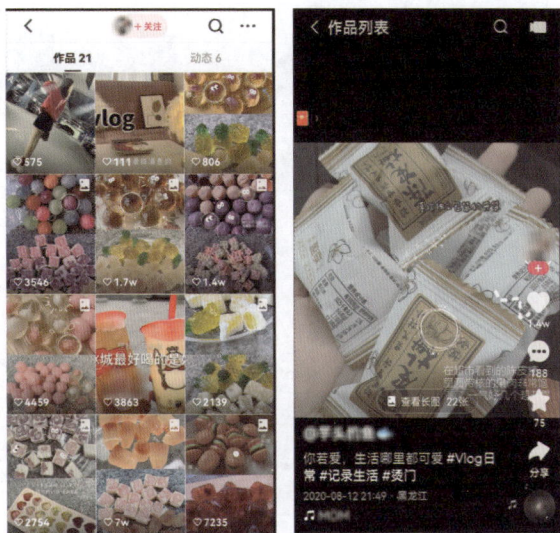

图7-21

重复出现的话，能够给众多用户留下深刻印象，并且可作为账号标志进行传播。运营者可以在账号运营初期，就为自己想一句简短的固定台词，并通过长时间的坚持使用，使该句台词成为账号的标志性用语，并成为账号的记忆点与传播点。

例如运营者可以在每条视频开头说一句"我是XXXXXXXX的某某"。以美食料理类账号为例，运营者可以说"我是喜欢做饭、偶尔翻车的厨神小哥"，这样一句话，既说明了账号的内容特性，也打造了一个账号人设，有利于账号在用户心中形成一个更加立体的形象。

图7-22所示为快手某美食探店类博主的作品截图，在她发布的视频中，开头经常是她从一辆车上下来，并说出固定台词"哈喽姐妹们收到粉丝举报"，用户多看几条她的视频后，再次听到类似的话，就很有可能想起该快手博主及其账号内容了。

5. 积极正向的价值观

运营者在塑造账号人设时还应注意最重要的一点，即拥有积极正向的价值观。运营者的作品所呈现的内容就是其价值观的体现。价值观是基于人的一定思维感官

图7-22

而做出的认知、理解、判断或抉择，也就是人认定事物、辨别是非的一种思维或取向，简单来说就是人内心相信和坚持的东西。

运营者一定要有积极正向的价值观，这样才会越走越远。图7-23所示为快手动漫领域的某博主的账号主页和作品示例，由于该博主的视频文案展示了其积极正向的价值观，引发了众多快手用户的共鸣，因此收获了超过1500万名粉丝的关注。

虽然目前快手的视频内容主要以短视频为主，但用户最长可发布10分钟（即600秒）的视频作品。运营者可以根据上述5个方面打造账号人设，向用户推送有特色内容的视频作品，通过视频作品展示更加丰满立体的账号人设。

综上所述，根据账号自身优势与现状来确定账号人设，是每一个运营者都应做好的一项工作，也是账号吸引用户进行关注的重要前提。

图 7-23

7.3.2　用户心理：深入了解，指导创作

吸引用户关注账号之后，运营者还需深入了解用户的心理，并以此为指导进行内容创作与用户运营。

运营者应该从用户浏览视频的角度，了解用户的心理，其中需要关注的是用户对视频进行点赞、评论和分享等的心理动机。了解了用户的心理动机后，运营者再进行有针对性的创作与运营，就可以大大优化视频的相关数据，提高视频热度。

在用户的各项心理动机中，运营者需要重点了解用户的点赞动机与评论动机。

1. 用户的点赞动机

一般情况下，用户的点赞动机大约分为内容认同、社交表达和从众操作3种，如图7-24所示。

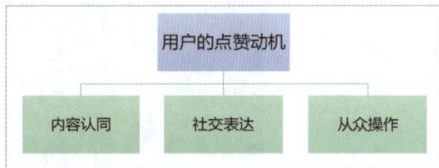

图 7-24

（1）内容认同

通常，视频内容得到了用户的认同，甚至引起了用户的情感共鸣，用户就会想要点赞。在这种情况下，点赞代表了用户对视频内容与账号的支持态度。

（2）社交表达

点赞行为成本低廉，被广泛使用在各大互联网平台中，它在一定程度上弥补了互联网社交中的语言空白。用户对视频感到满意或者想进行积极表达时，可以用点赞替代打字评论，从而完成一次简单的互联网社交，因此用户愿意点赞。

（3）从众操作

有一部分用户认为点赞是一个简单的常规化操作，并没有对这个行为赋予什么特殊的意义，因此他们会对多数视频进行点赞，完成一个"举手之劳"。

运营者的首要任务是了解用户的这3种动机，并结合账号定位与内容创作特征，学会准确地将用户的点赞动机激发出来。例如，运营者发布了一个正能量的短视频，有的用户会因短视频所传递的正能量而产生共鸣，情不自禁地为短视频点赞。

2. 用户的评论动机

运营者想要使用户主动评论视频，就需要对用户的已有评论进行分析，找到并激发用户的评论动机。用户的评论动机也分为3种，分别是宣泄型动机、回答型动机和社交型动机，如图7-25所示。

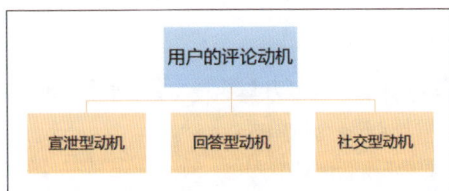

图7-25

（1）宣泄型动机

视频内容使得用户有所感悟和触动，有感而发，想要对视频内容与自身的感受进行评论表达，这就说明用户产生了宣泄型动机，这种评论可称为宣泄型评论。

让用户做出这种评论的办法是，使视频内容突破用户的情感阈值，达到让用户欢乐、让用户感动的效果。

（2）回答型动机

当用户看到视频中提出的问题后，想要进行回答，说明用户产生了回答型动机，这种评论叫作回答型评论。

想要让用户做出这种评论，要先让用户看见问题，然后产生答案，并让他们觉得自己的答案是最正确的，从而产生一种"不吐不快"的心理。图7-26所示为快手某推理类博主的账号主页和作品示例，用户可以通过视频画面中出现的线索寻找答案，并纷纷在评论区留言猜测答案，不少用户还会回答视频中的有关观后感受的问题。

（3）社交型动机

视频内容使用户觉得有互动的必要，并且想与运营者建立关系，说明用户产生了社交型动机，这种评论就叫作社交型评论。

图7-26

要想让用户发出这种评论，则需要让用户有与运营者互动的机会，甚至有与运营者产生交集的可能性。例如，当运营者在视频中表示自己会回答评论区的问题时，很多用户就会在评论区提问，希望运营者可以回答自己的问题。

7.3.3 粉丝质量：高质量才能长久发展

前文介绍了如何快速获得用户关注，即了解用户心理，做好运营的"内功"，但值得注意的是，粉丝数量多固然重要，更重要的是粉丝质量要高，这样才有利于账号的长期发展及变现。

高质量的粉丝一般有几个特点：忠诚度高、黏性强、互动频繁、会持续关注账号。在后期变现时，这些高质量的粉丝最有可能为商品买单。本节将讲解如何通过长期价值和从众效应这两个关键要素，精准地吸引高质量的粉丝。

1. 长期价值

长期价值是指账号中的视频数量足够多，并且较为稳定地更新频率，让用户感觉能长期通过你的账号获取更多的价值。

假设在同等条件下，有两个账号发布的视频内容一样，但是其中一个账号有 50 条视频，而另一个账号只有 1 条视频。当这两个账号同时呈现在用户面前时，大多数用户都会选择关注视频数量更多的那个账号。因为相比之下，这个账号发布了更多的视频，在持续更新内容，并且现有的已发布内容也足够让用户有所收获。

长期价值可体现为用户对账号的期待。账号会持续更新，或者有足够多的作品，用户才有可能关注这个账号。相反，如果一个账号只有一条视频，即使这条视频的内容很优质，用户也只会点赞或评论很难对其进行关注。所以，在很大程度上，账号的长期价值会影响用户是否关注。

图 7-27 所示为某资讯平台的快手账号主页，正是由于该账号的作品数过万，保持着一定的更新频率，才收获了超过 1000 万名粉丝。

运营者要想提高账号的长期价值，唯一的"捷径"就是提高视频的更新率。在快手账号主页，视频作品按照每行 3 条的形式排列，4 行视频就足够铺满手机屏幕。对用户来说，视频至少要铺满手机屏幕，这个账号才算有长期价值，所以新手在创建新账号后，要尽快发布 12 条视频，如图 7-28 所示。

图 7-27

> **拓展延伸**：一个新账号每周更新一条视频，意味至少需要 9 周才能营造长期价值，时间显然太长。如果这个新账号每天更新一条视频，那么两周就能营造长期价值。因此，我们可以在一开始多准备一些视频作品，待积累一定数量的视频之后再降低更新频率。

2. 从众效应

从众效应也就是大家常说的"随大流""跟风"，大多数人都或多或少地会受到从众效应的影响，而选择更多人选择的选项。例如，在网购或者点外卖时，大家经常会优先考虑销量高、评分好的商品，这就是从众效应的影响。接下来将为大家介绍通过从众效应获取高质量的粉丝的方法。

用户在快手"刷"视频时，系统推荐的大多数是点赞量高达几十万甚至上百万的视频。虽然我们看

不到这些视频的播放量，但一般而言，其
播放量是点赞量的50～100倍。也就是说，
如果一条视频的点赞量是100万，那么其
播放量应该为5000万～1亿。这也说明，
通过视频的点赞量即可分析出大多数观众
的喜好。例如，美食类账号如果发现快手
在某一时段内推荐的蛋糕烘焙类教程视频
很受用户的欢迎和喜爱，那么就可以制作
相同类型的视频。

除了通过系统推荐实现从众效应外，
运营者也可以主动挖掘、精准吸引高质量
的粉丝。具体方法如下。

以快手某美食类账号（见图7-29）为
例，该博主拥有250多万名粉丝，视频内
容均是一分钟左右的各种美食的做法。目
前该账号已发布700多条视频，也就是说
其分享了700多种美食的做法。

图7-28

通过观察不难发现，该美食博主发布
的煎饼、西红柿鸡蛋汤等有关家常美食的
视频有更多的点赞量，这说明这类视频的
播放量与热度更高。由此可以推断，在所
有美食视频中，用户更喜欢有关家常美食
的视频。那么，在同样运营美食类账号的
情况下，制作有关家常美食的视频能让更
多的用户喜欢，也就能获取更多高质量的
粉丝。

7.3.4 拓宽私域：引导转化，用心运营

当快手账号积累到数量可观的高质量
的粉丝后，运营者可以想办法将快手账号的粉丝流量引导至自己的私域中，进行个人化管理，从而进一
步增强粉丝黏性，加快变现过程。

图7-29

> **拓展延伸**：私域是一个相对于公共的互联网平台这类公域而言的概念，它是指只向特定人公
> 开的、可以被运营者多次免费利用的一个互联网"空间"，如快手群聊、微信社群、QQ群聊等。
> 例如在快手上发布的视频是发布在公域，在快手群聊中发布的视频是发布在私域。私域流量池就
> 是指运营者自己建立的一个流量池，也就是一个私域"空间"。私域中的用户都是运营者可以在任
> 意时间直接触达的精准用户。

运营者可以创建快手群聊，引导粉丝加入社群聊，并在群里开展一些活动。图7-30所示为快手某博主的账号主页及其创建的快手群聊。

为了保证快手群聊里的粉丝质量以及后续私域运营的质量，运营者应该设置一些准入门槛（见图7-31），如内部邀请门槛、付费门槛、身份条件门槛、产品购买门槛等。内部邀请门槛是指需要群主或管理员邀请才能进群。付费门槛是指需要交纳一定金额才能进群。身份条件门槛是指要满足某种身份才能进群，如备考某个考试的考生、某个行业的从业人员等。产品购买门槛是指要在运营者的快手小店或其他店铺中消费一定金额才能进群。

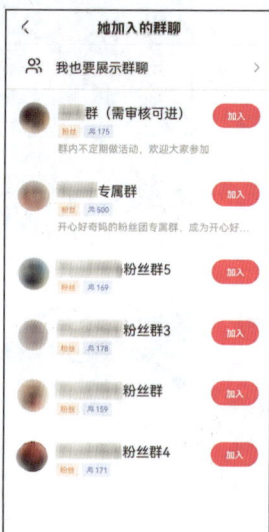

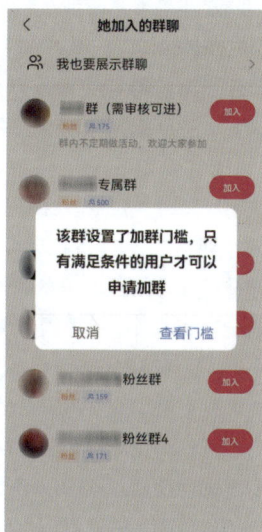

图7-30

图7-31

吸引用户进群后，特别是让用户付费进群后，运营者要在快手群聊中进行稳定的独家优质内容输出，提供深度内容服务，才能保证用户的社群满意度以及留存率，并加强用户的运营者之间的信任感与亲近感。例如专门垂直运营某一领域知识干货的快手博主，在建立了一个需要满足行业从业人员身份才能进群的群聊后，应该要在群里为大家提供重要的行业信息与资讯，节约用户搜寻信息的成本，这样才能吸引用户长久地留在群里。

另外，运营者应该在快手群聊中定期开展活动，从而提高用户的活跃度，营造交往氛围，从而增强用户黏性。常用的活动形式有每日打卡积分、定期发放福利等。例如美食探店博主每月开展一次活动，并将活动福利设置为当月探店店铺的优惠券。

7.4 热门技巧：付费推广，帮上热门

7.3节为大家介绍了涨粉技巧，以便大家高效地获取精准粉丝，而本节将在已有粉丝的基础上，为大家介绍使用付费推广帮助视频上热门的相关技巧。

付费推广是快手推出的一项服务，能够帮助视频获得更多的曝光，进而增加上热门的机会，被更多的人看到。运营者可以付费推广自己的作品，帮助自己的视频上热门，也可以通过付费推广帮助其他账号的作品提高曝光度与热度。

7.4.1 推广自己的作品

在快手，使用付费推广的操作简单便捷，下面为大家介绍相关步骤。

01 打开快手，点击首页左上角的更多按钮 ≡，在页面左侧弹出的侧边栏中点击"设置"按钮，如图7-32所示。

02 跳转到"设置"界面后，上滑界面，选择"服务"中的"快手粉条"，跳转到"快手粉条"界面，选择"推给更多人"或"推给粉丝"，如图7-33所示。

图7-32

图7-33

03 选择对应推广选项后，跳转至推广订单界面，运营者按需设置"投放作品""投放金额"等相关内容，点击界面右下角的"去支付"按钮，完成支付后即可完成付费推广操作。图7-34所示为"推给更多人"选项的推广订单界面。图7-35所示为"推给粉丝"选项的推广订单界面。

图7-34

图7-35

快手的付费推广价格较为低廉，运营者可以自定义投放金额，根据运营预算为作品购买推广服务。不同的投放金额对应的推广效果有所不同，通常情况下，投放金额越高，推广效果越好。以"推广给更多人"的投放金额为例，运营者的投放金额不能低于8元，超过8元后可以自定义投放金额，8元的投放金额预计可以将作品展示给500～1000人看，16元的投放金额则预计可以将作品展示给1000～2000人看，如图7-36所示。

需要注意的是，在快手，并不是每一个作品都可以进行付费推广，可以进行付费推广的作品需要是发布时间在60天内的原创作品，并且不能被多次发布，不能存在明显的营销、广告行为等，具体规则的部分内容如图7-37所示。

图7-36

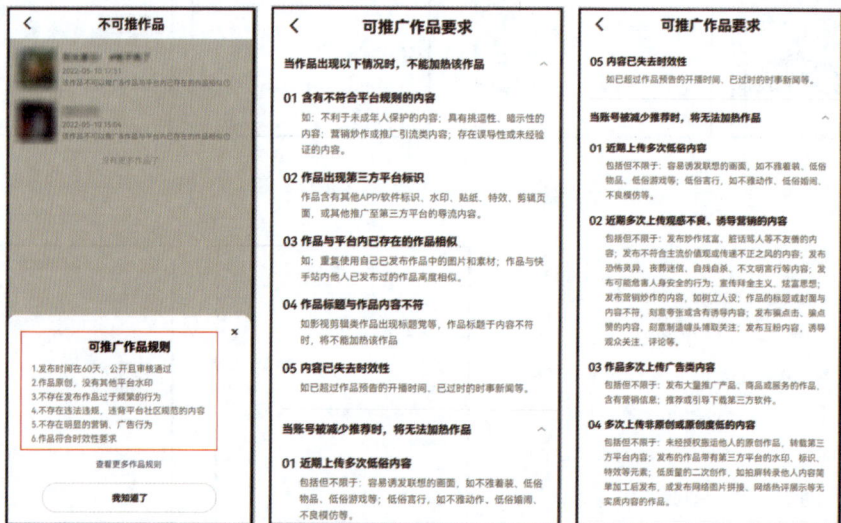

图7-37

7.4.2 推广他人的作品

运营者可以在他人作品观看界面为他人作品购买付费推广服务（见图7-38），也可以在"快手粉条"界面中点击"帮TA推广"按钮 🧍 进行相关操作（见图7-39）。

帮他人推广视频作品时，有"超级加热"和"推给粉丝"两种推广类型，推广订单界面会默认显示所选账号的最新视频作品。"超级加热"一次最多可以推广10个视频作品，如图7-40所示；"推给粉丝"一次只能推广一个视频作品，如图7-41所示。

图 7-38

图 7-39

图 7-40

图 7-41

> **提示：** 使用付费推广服务的目的是提高视频在快手的播放量，使其获得更多的流量和曝光，以便顺利涨粉。但是，这并不意味着对视频进行付费推广后，账号就能迅速涨粉。粉丝的增加以及快手账号的长久健康运营，在很大程度上由视频本身的质量决定。视频质量越高，账号越有机会获得更多粉丝的关注与肯定。因此，运营者即使是进行付费推广，也需要严格把关视频质量。

运营者进行付费推广后，可以在"快手粉条"的"数据"界面查看推广效果数据，自买、他人帮我买以及我帮他人买等的推广效果数据都可以在这里查看，如图7-42所示。运营者可以根据推广效果数据调整后续的付费推广计划。

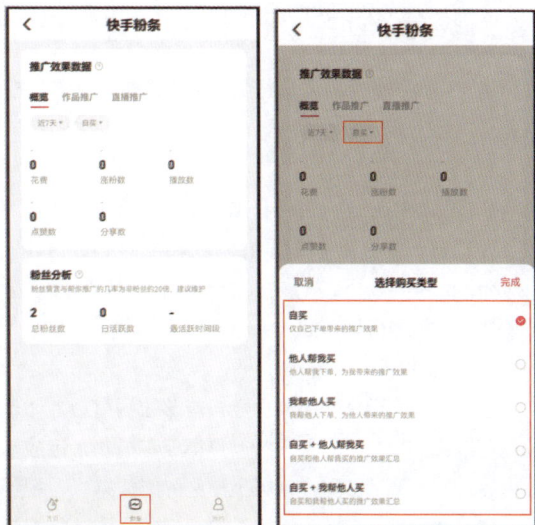

图 7-42

7.5 分析技巧：利用数据优化运营

数据分析与数据化运营是快手账号运营工作中的关键，运营者只有明晰账号数据的变化情况及其影响因素，才能更好地做出运营决策，从而帮助账号得到进一步的优化与发展。

7.5.1 数据思维：提高决策准确率

快手平台的用户数以亿计，如此庞大的用户群体，在带给运营者发展机会与红利的同时，也给运营者带来了不小的挑战。运营者想要在如此庞杂的用户群体中锁定目标用户，将目标用户转化为账号的粉丝，帮助账号顺利变现并不是一件容易的事情。另外，当前我们正处在大数据时代，越来越多的行业与领域都开始重视与运用大数据进行精准分析，以帮助自身进行功能与服务的优化。

因此，运营者应该利用一定的数据统计手段，对账号进行数据分析与数据化运营，从而针对账号实际运营情况，调整运营工作的侧重点，进一步优化账号的各项数据。

数据分析是对数据进行汇总分析，并最终将数据转化为有用信息的一种方法。运营者可以根据实际运营需求，收集快手账号的相关数据，进行可视化分析，从而系统全面地了解账号运营情况，明确账号发展的优势与短板。同时，运营者还可以根据数据分析情况，充分了解目标用户的需求，找到账号的正确发展方向，做出科学的运营决策，避免走弯路。数据分析的作用如图7-43所示。

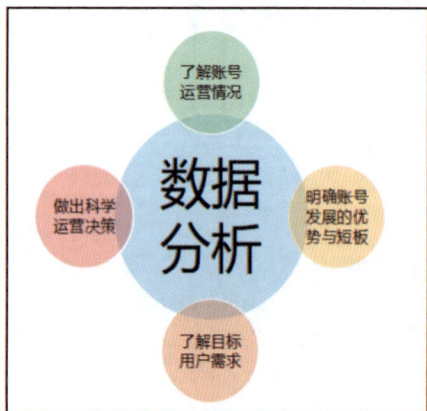

图7-43

7.5.2 数据维度：快手账号运营的核心数据

运营者在对快手账号进行数据化运营时，应该把握三大维度的关键数据，分别是作品数据、粉丝数据和直播数据。下面为大家一一介绍相关数据的内容与作用。

1. 作品数据

在作品数据方面，运营者需要重点分析播放量、点赞量、评论数、分享转发量和收藏量这5个核心数据，如图7-44所示。对这5个数据进行综合评估，能够帮助运营者把握快手的流量分配与推送机制。

（1）播放量

播放量是指视频的播放次数，能够较为直观地体现视频运营结果的好坏。一条视频制作得成不成功，播放量可以直接说明。高播放量是视频上热门的必要条件。视频的播放量基本代表了有多少人看过这个视频，意味着视频的曝光量，能够直接影响快手账号的人气。

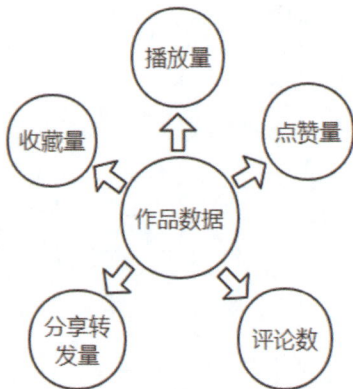

图7-44

限于快手的重视视频点赞量的流量推荐机制，播放量高的视频不一定会获得快手的叠加流量。但是播放量高的视频通常质量过硬，点赞量也不低，并且结合其他数据也能获得快手的流量加持。运营者需要重视视频的播放量，如果发现近期视频的播放量低于平均水平或与往期数据相比有明显的下降，那就要多多思考原因，早日解决该问题。

（2）点赞量

在快手，点赞量是衡量视频热度的重要指标，会直接影响视频的播放量。点赞量可以从侧面反映出用户对视频的喜爱程度，点赞量高的视频在快手可以获得更多的曝光量。

在一般情况下，点赞量会高于评论数和收藏量，如图 7-45 所示。运营者在进行数据分析的时候，既可以将近期发布视频的点赞量与往期发布视频的点赞量进行比较，也可以与水平相当的竞品视频的点赞量进行比较。

视频点赞量的重要影响因素是视频质量，运营者要想提高点赞量就要努力提高视频的质量。运营者还可以在视频中适当地明示用户点赞。

图 7-45

（3）评论数

用户评论会直接提高用户的参与感，换句容易理解的话来说，视频的评论数越多，说明有更多用户关注这些内容。因此，分析视频的评论数对于优化视频的选题内容、增强粉丝的黏性有着重要的意义。

（4）分享转发量

用户分享转发视频可以让视频被更多人看到，帮助账号吸引更多精准粉丝，对于提高视频播放量有着非常重要的作用。

（5）收藏量

视频的收藏量直接说明了用户对相关选题内容的喜爱程度，体现了视频对用户的价值和意义，视频的价值越高，越能被用户收藏。运营者在确定选题内容时，视频的收藏量有很高的参考价值和意义。

2. 粉丝数据

在粉丝数据方面，运营者需要重点分析粉丝量、粉丝增长趋势和粉丝画像这3个核心数据，如图7-46所示。

（1）粉丝量

快手账号的粉丝量会直接影响快手账号的内容传播影响力与商业价值。

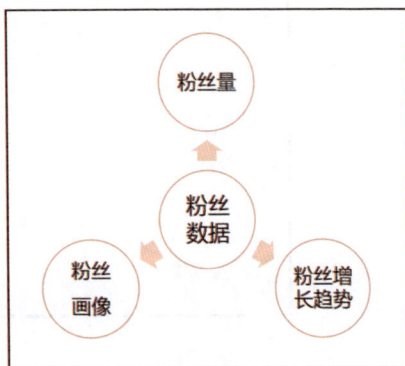

图 7-46

（2）粉丝趋势

粉丝增长趋势就是账号粉丝数的变化趋势，可以是正增长的，也可能出现负增长趋势。图7-47所示为快手某账号的粉丝趋势示例。

当账号粉丝增长趋势是正增长时，运营者应该总结账号的优势，并将账号优势保持下去，保证账号粉丝的不断增长。

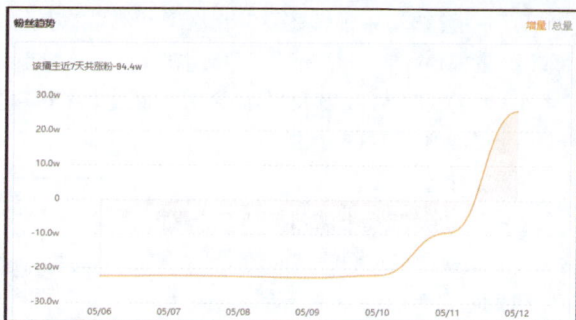

图7-47

当账号出现短期的粉丝负增长趋势时，运营者不必过于紧张，在快手账号运营过程中，难免会有"掉分"的情况发生，只要账号粉丝负增长的数值不大并且并非长期负增长，就可以暂缓对该问题的处理。但是，若账号出现"某次或某时段掉粉量过多"的情况，运营者一定要认真分析原因。出现账号粉丝负增长的常见原因有更新频率降低、作品内容发生变化、触及敏感负面话题等。

（3）粉丝画像

粉丝画像是指对账号粉丝群体的详细分析，主要可以通过粉丝的性别、年龄、地域分布等因素去分析。通过对粉丝群体的详细分析，运营者可以更加充分地了解粉丝的情况与需求，根据相关数据进行运营方向的调整，提高视频的点击率和关注率，增加账号的变现机会。图7-48所示为快手某账号的粉丝画像示例。

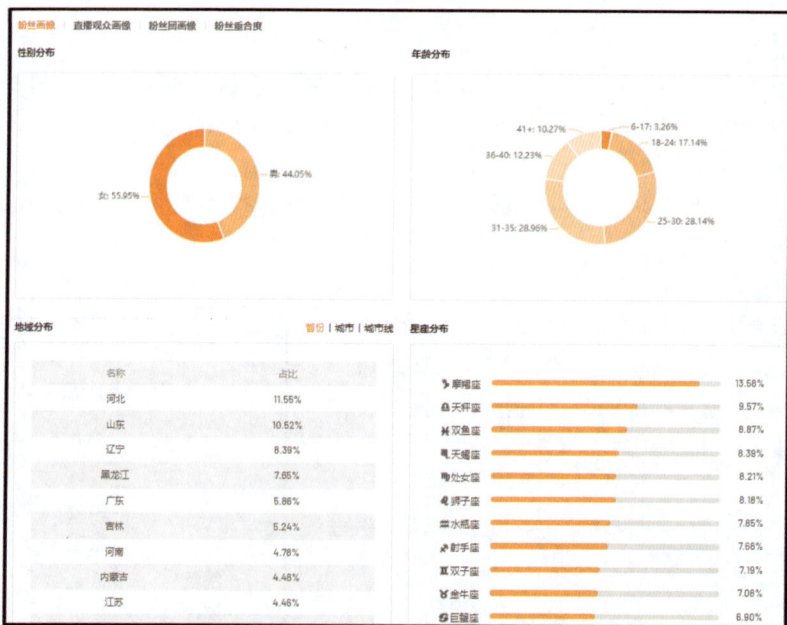

图7-48

例如，若是对账号的粉丝群体进行详细分析后，发现账号粉丝多为10～30岁的一、二线城市女性用户，对美妆、美食和生活家居等内容感兴趣，通常在晚上7—9点较为活跃，那么运营者可以将视频发布时间调整到晚上6—8点，并且多创作与美妆、美食和生活家居相关的视频，还可以尝试进行相关产品带货，激发一、二线城市女性粉丝的购买潜力。

3. 直播数据

在直播数据方面，运营者可以重点关注直播观看人数、直播互动指标、商品交易总额和粉丝客单价这4个数据指标，这4个数据指标分别代表了直播带货过程中的流量、留存、转化和粉丝4个关注维度，如图7-49所示。关注分析直播数据的4个数据指标有利于运营者全面了解账号的直播运营情况，及时调整带货与选品策略。

流量、留存、转化和粉丝是需要运营者在直播带货过程中关注的4个维度，综合体现了一次直播的进展与变现情况。用户进入直播间观看直播即流量进入直播间；用户在直播间进行点赞、留言、送礼物等互动的综合数据就是直播互动指标，直播互动指标代表流量在直播间的留存情况；用户在直播间购买商品，商品总交易额代表一场直播的流量转化变现情况；一场直播结束之后，不同粉丝在直播间购买商品，粉丝客单价代表粉丝的购买力与消费情况。

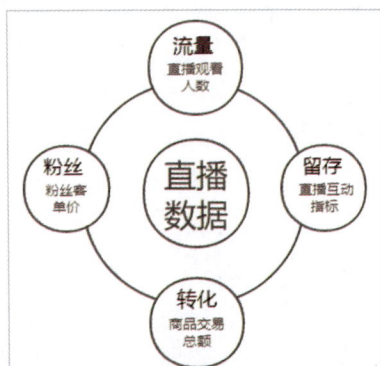

图7-49

图7-50所示为快手某账号的直播数据示例。

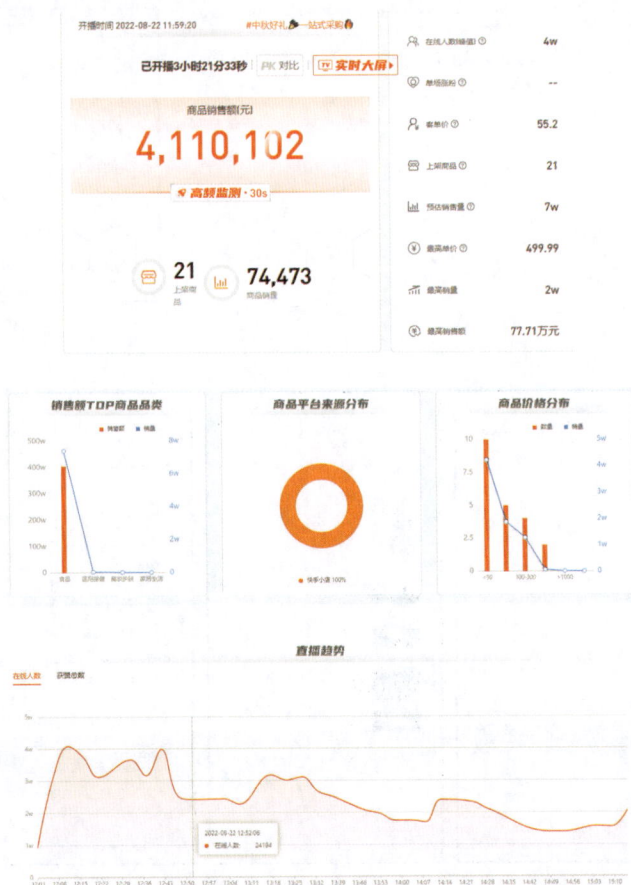

图7-50

7.5.3 分析监测：运用工具挖掘分析

快手的"创作者中心"（见图7-51）为运营者提供了账号近7天的基础数据，包括个人主页访客数、涨粉数、作品播放数，以及单个作品的播放量、点赞量与评论数，还针对作品发布后48小时的数据情况，提供一些提升建议。运营者可以根据需求查看快手提供的相关数据。

图 7-51

快手的"创作者中心"还设置了"数据中心"版块，图7-52所示为版块入口。运营者进入该版块后，可分别查看"数据概览""作品分析""粉丝分析"三大方面的账户数据，如图7-53所示。

图 7-52

图 7-53

除了在快手平台查看相关数据外，运营者还可以使用第三方数据平台，高效地收集自己及其他竞争账号的数据信息，在第三方数据平台的专业帮助下，进行正确的数据分析，并将相关数据通过趋势图、饼图等可视化的方式呈现出来，以便得出账号的运营数据分析结果。

下面为大家列举两个与快手相关的第三方数据平台，供大家参考。这两个第三方数据平台的部分基础功能可以免费使用，但是运营者也可以在使用期间，根据运营需要，付费购买更多数据监测与分析方面的功能与服务。

1. 飞瓜数据快手版

飞瓜数据快手版是一个专为快手设立的全场景数据分析平台，为用户提供专业的数据分析服务，实时监控快手账号核心数据，帮助用户实现粉丝快速增长、直播电商变现和品牌营销等运营目标。

在快手账号运营方面，飞瓜数据快手版从运营模式到热点素材再到账号监控，为用户提供全方位的账号运营数据支持与服务。在快手直播带货方面，飞瓜数据快手版从电商选品到选人投放再到直播监控，为用户提供全链路的直播带货数据服务。

图7-54所示为飞瓜数据快手版的工作台首页。

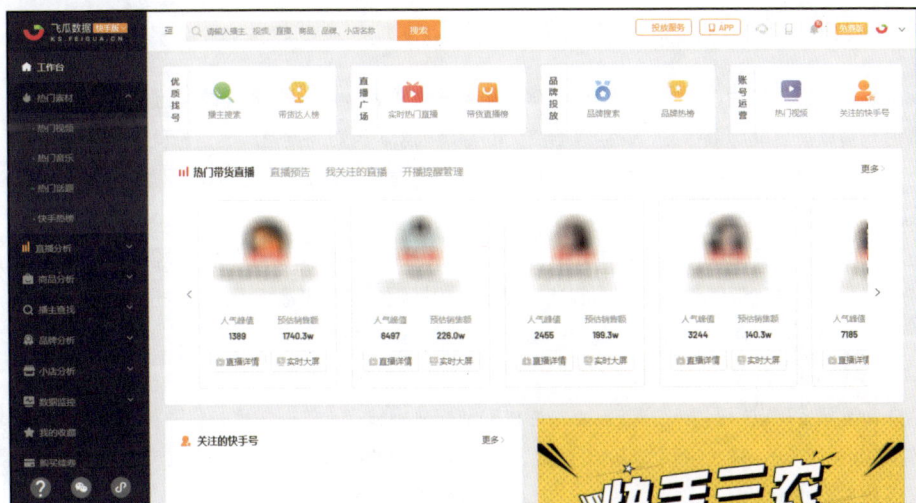

图7-54

2. 新快数据

新快数据是新榜旗下一个主营快手直播电商数据服务的第三方数据平台，提供各类快手账号与作品的榜单，支持用户查找快手"爆款"视频、音乐等素材，并且有全面的快手账号电商运营数据服务。

图7-55所示为新快数据的首页。从图7-55中不难发现，新快数据的数据服务主要围绕快手直播展开，使用新快数据，用户可以监测直播，还可以了解当下正在进行的热门直播。另外，在快手账号运营方面，新快数据也可以提供一定的数据监测与分析支持。

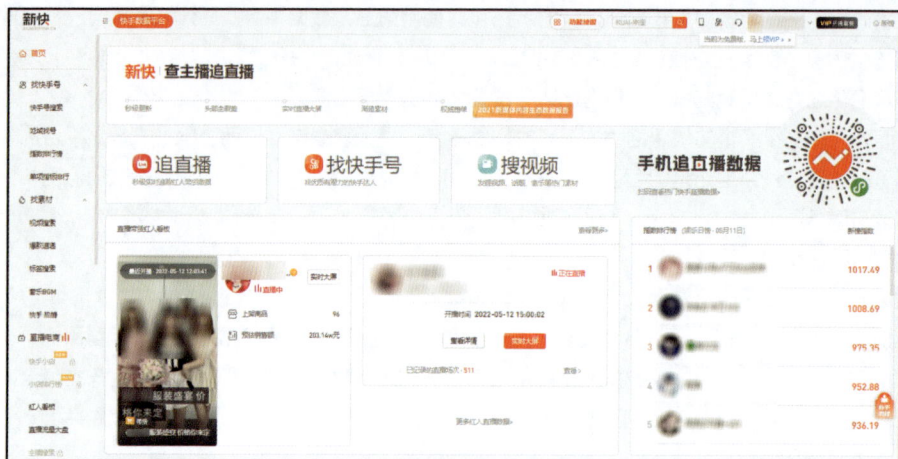

图 7-55

7.5.4　运营优化：根据数据调整运营

找到数据"钥匙"后，运营者还需要正确使用数据"钥匙"，打开账号运营"宝库"。运营者分析数据的最后一步就是全面总结数据，找到数据变化的影响因素，针对需要解决的运营问题，找到解决办法，提出运营优化方案。只有以数据分析结果为依据，梳理运营现状并着手解决运营问题，才能真正帮助账号得到进一步的优化与发展。

运营者可以提出多个优化方案，由团队人员进行讨论后，找到多个运营优化途径，再通过多次运营效果测试，找到最佳的运营优化途径。例如根据不同的视频内容与直播情况的数据反馈，运营者可以更加精准地绘制账号粉丝画像，并根据账号优势，实现账号定位的垂直化、细致化，助力作品创作与账号运营。

另外，运营者可以根据第三方数据平台提供的数据分析服务，挖掘快手的优质营销案例，实时监控相关账号的运营数据，并从中获取精准的竞品数据，从而帮助自身账号确定运营方向与侧重点，增强自身账号运营发展的竞争力。

第 8 章

快手盈利：
了解运营创收之法

　　随着短视频行业与快手的不断发展，一些个人、商家及品牌方都对短视频形式的推广与宣传策略产生了兴趣，相继涌入短视频领域进行广告投放。快手的扶持、商家和品牌方的入驻、快手用户的活跃，给运营者提供了许多变现的机会。本章将介绍运营者如何在快手创收盈利。

8.1 快手商业：广告业务是基础

快手是一个以"去中心化"的方式进行流量分发，以视频和直播形式输出内容，重视社交与用户自主选择，以直播和广告为主要收入方式的短视频平台。目前，快手的主要收入来源包括直播、广告和游戏等。

快手在2018年年底开始大规模地进行商业化，但是始终坚持围绕用户体验展开商业体系的搭建。快手的商业化包含广告和商业生态两大板块，如图8-1所示。快手拥有数亿用户，积累了海量的数据，通过数据管理平台进行用户行为数据收集、搭建并完善了用户画像模型，通过了长期的积累和准备，快手将重点转向广告，形成了商业化产品体系，并逐渐完善。那么快手商业开放平台包括哪些内容呢？本节将为大家具体分析。

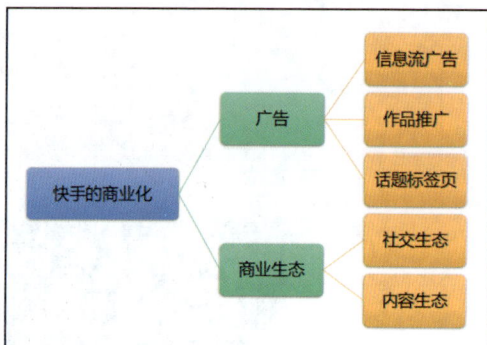

图8-1

8.1.1 广告业务：重视广告营销

运营者通过拍摄创意性短视频，能够让用户更愿意接受广告的内容，同时提高短视频和广告的变现效率。快手拥有数亿名用户，积累了海量的用户数据，并利用数据管理平台进行用户行为数据收集、搭建并完善了用户画像模型。通过长期的积累和准备，快手在发展广告业务方面有了天然优势，因此快手的商业化重点及基础业务就是广告业务，快手也在数年的发展过程中不断完善广告业务及其营销体系。

1. 信息流广告

在快手的广告业务中，信息流广告是主要形式。

信息流广告结合用户实时关注的内容向其推送相关信息，较为精准，而且利于转化流量，是目前短视频平台中的主流广告形式之一。发布信息流广告可以帮助很多产品和品牌赢得年轻用户的支持。

内容原生和用户主动接收信息是信息流广告的两大主要特性。信息流广告的主要优势是获取潜在用户，它以软广告为主，通常不会引发用户反感。同时，信息流广告通过智能系统推荐给用户，给了用户充分的自由选择权，能带给用户更好的观看体验。

例如，用户搜索"运动"，搜索结果界面会有推送给用户的与运动相关的广告，较为常见的是运动软件的宣传广告，用户点击对应广告中的"立即下载"按钮，会自动跳转至软件的下载界面，如图8-2所示。

2. 服务号

为了帮助运营者在快手达到变现目的，也为了推动快手商业生态板块的发展壮大，快手推出了适用于商家和个人使用的产品——服务号。服务号专门针对一些企业推出特殊服务，不管你是拥有百万名粉丝的快手"大V"，还是刚刚开始运营快手账号的新媒体小白，都可以使用服务号实现快手运营进阶与变现。

图 8-2

　　服务号是快手商业生态主阵地之一，运营者通过品牌账号建立自己专属的营销阵地，针对品牌的特点创作受众喜欢的视频，以高质量的内容吸引用户，并维护与粉丝之间的关系，获得额外的流量，沉淀变现的资源。运营者开通服务号后，可以拥有区别于个人主页的商家主页，可使用内容传播、品牌赋能、推广赋能、交易服务、变现转化、商户成长等多种营销服务。

　　在快手，服务号分为试用版服务号和认证服务号两种类型，如图 8-3 所示。其中，认证服务号又分为企业账户和个人认证两种。对于企业账户来说，运营者在完成企业基础认证后，还可以进一步点亮"蓝V"标识，成为"蓝V"用户。

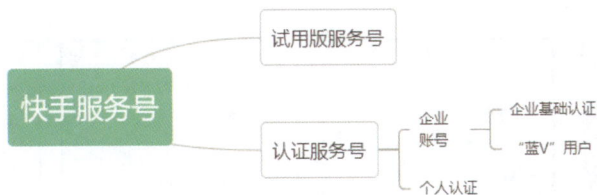

图 8-3

　　不同类型的服务号享有不同的功能权益，试用版服务号只能享受 8 项基础功能权益（见图 8-4），个人认证服务号及企业基础认证服务号享有 17 项功能权益（见图 8-5），蓝 V 用户则可以享有全部功能权益（见图 8-6）。

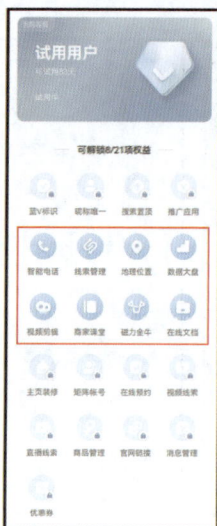

图 8-4　　　　　　　　　图 8-5　　　　　　　　　图 8-6

❏　试用版服务号

快手平台支持用户不经身份认证，直接开通试用版服务号，试用版服务号提供给用户的部分功能权益，不过试用期只有 90 天。若试用期结束，用户还没有完成账号认证，进行服务号升级，快手平台将会关闭用户的试用版服务号，不再支持用户使用相关权益。

快手用户申请开通试用版服务号的方法很简单，具体步骤如下。

01　打开快手，点击首页左上角的更多按钮 ☰。

02　在弹出的侧边栏中，点击右下角的"设置"按钮，如图 8-7 所示。

03　在"设置"界面点击"账号与安全"按钮，如图 8-8 所示。

04　在"账号与安全"界面点击"加 V 认证"按钮，如图 8-9 所示。

05　进入"快手用户认证"界面，点击"企业认证"按钮，如图 8-10 所示。

图 8-7　　　　　　　　图 8-8　　　　　　　　图 8-9　　　　　　　　图 8-10

06 进入"开通服务号"界面,上滑界面至最下方,点击"免费开通"按钮,即可完成试用版服务号的开通,如图8-11所示。

成功开通试用版服务号后,用户的个人主页会新增一个"商家功能"按钮(见图8-12),点击该按钮即可进入试用版服务号的使用界面,行使相关权益。

图8-11

图8-12

❏ **认证服务号**

开通试用版服务号后,用户还需进行认证才能永久使用服务号的功能权益。

下面为大家简单介绍认证服务号的相关操作。

01 在个人主页中,点击"商家功能"按钮,进入"认证服务号"界面。

02 根据运营需要,选择"企业账户"或"个人认证",在对应认证类型中点击"去认证"按钮即可,两种类型的认证的操作基本一致。下面以企业基础认证为例进行讲解。点击"企业账户"中的"去认证"按钮,如图8-13所示。

03 进入图8-14所示的"企业基础认证"界面,用户根据要求上传认证资料,完成身份验证之后即可完成认证。

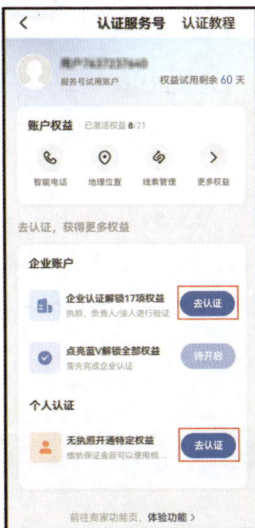

图8-13

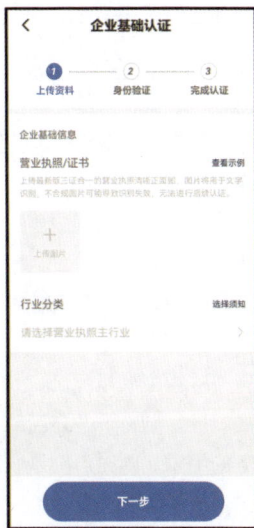

图8-14

8.1.2　广告受众：庞大的用户基础

目前快手的日活跃用户数接近6亿，如此庞大的用户基数，为运营者的广告带来了大量的受众，加上其独特的智能推荐系统，可以为运营者精准定位目标受众，实现广告的有效投放，提高产品成交率。每一位快手用户都可能是潜在的广告受众，只要运营者的视频内容优质、有趣，能吸引用户的注意力，就能拥有大量受众，产生收益。

特别是对于那些运营成熟、有着大量前期用户沉淀的快手账号而言，通过视频宣传产品，将能产生明显的效益增长，并获得意想不到的收益。以长尾理论来解释就是，由于之前的技术、时间和资本等方面的限制，人们只能关注重要的人或产品。如果用正态分布曲线来描绘这些人或产品，人们只能关注曲线的"头部"，而将处于曲线"尾部"、需要更多精力和成本才能关注到的大所数人或产品忽略。

例如，在销售产品时，商家关注的通常是少数的"头部客户"，无法顾及大多数的普通消费者。但通过快手，商家对用户的关注成本大大降低，普通消费者可以被商家作为潜在目标受众纳入关注范围。根据长尾理论，那些拥有庞大用户数量的运营者将会有不可比拟的优势，其广告将拥有大量的受众。

某美妆品牌官方快手账号经常发布短视频广告，通过快手的众多用户、代言人粉丝的观看与传播，该账号发布的广告类短视频总是能够收获较好的数据，实现较好的产品宣传效果。图8-15所示为该美妆品牌官方快手账号发布的短视频广告示例。

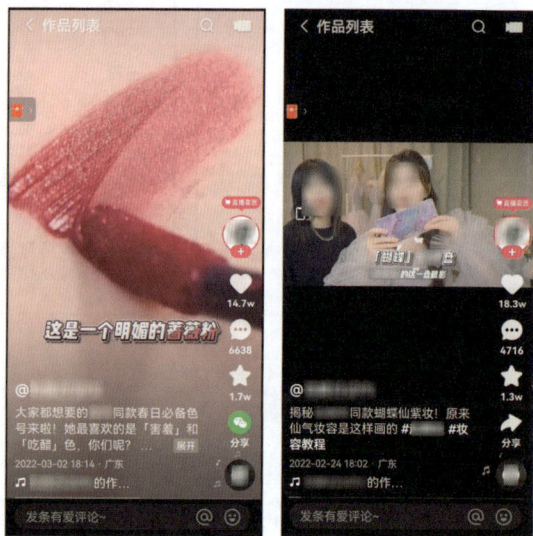

图8-15

8.1.3　广告角色：体系分工促成变现

运营者如果想利用运营快手账号所积攒下的粉丝和流量进行广告变现，首先要了解广告变现中的角色分工。

在一个短视频广告的创作、发布与推广过程中，主要涉及广告主、广告代理公司、短视频达人团队等3种角色（见图8-16），三者各司其职，相互配合，才能顺利达成最佳变现效果。

1. 广告主

广告主就是品牌、企业或者商家等有推广需求的人或组织，是设计、制作、发布活动的人，或者是销售或宣传自己产品或服务的组织，同时可能是联盟营销广告的提供者。简单来说，广告主就是大家常说的"金主"。

图8-16

在当下这个短视频盛行的移动互联网时代，快手、抖音、视频号等短视频平台逐渐成了新一代的流量中心，越来越多的企业的广告营销模式逐渐从传统的发布图文转为发布短视频。

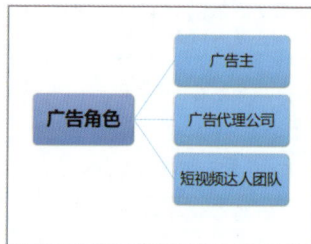

拓展讲解： 短视频广告和传统图文广告的不同主要体现在以下3个方面。

① 传统的图文广告是以众多产品图片与文字的形式展现，而短视频广告可以弥补传统图文广告无法完全展现的视觉声效，以及其给用户在情绪价值的输出与氛围渲染上都更加细腻，精准，立体化。

② 短视频的互动性比图文更强，用户可以随时与运营者进行互动。

③ "刷"过快手短视频的用户都知道，快手会根据用户的浏览习惯和喜好向用户推荐短视频，这样用户"刷"到的视频都是用户所感兴趣的，因此，短视频广告的投放会更加精准。

相较于传统图文广告来说，短视频广告不仅具备以上几个优点，其投入成本也更低，可以更精准地触达品牌受众。因此，短视频广告目前基本已经成为广告主的首选。

2. 广告代理公司

对于传统广告行业的人而言，想要转型打造出一条比较成功的短视频无疑是有难度的，要进行一次成功的短视频营销需要营造一个良性的短视频生态圈，还需要覆盖各大短视频平台、短视频达人资源、MCN资源等。而广告代理公司则扮演了一个很专业的角色。广告代理公司是提供市场营销服务的公司，可以为广告主提供定制化的全流程广告代理服务。这类公司拥有着大量广告渠道资源和达人资源，专业性强，从而可制作美观、精良、贴合品牌特性的短视频广告。

广告代理公司主要起到的是媒介作用。在变现流程中，广告代理公司并不是必要角色，因为广告主可以直接和达人合作，这样可以节省大量中介费用，达人也能够获得更多的收益。尽管如此，很多大型企业以及知名度高的品牌依旧会选择和广告代理公司合作，除了广告代理公司能够帮助广告主找到领域更垂直的达人之外，广告代理公司的管理能力、视觉包装能力、策划能力都更专业，在专业团队的运营操作下，广告变现的整个流程会更加顺畅。

3. 短视频达人团队

短视频达人团队是短视频广告变现的关键因素，短视频广告的策划、拍摄、出镜、内容、后期、剪辑等一系列工作流程都要由这个团队来完成。短视频达人团队的工作质量与成果，不仅决定着最终的广告合作能否达成，还决定着能否实现理想的广告营销效果。

站在短视频达人团队的角度来看，它不仅要考虑广告主和自己的收益，更要考虑是否能够为自己的粉丝带来优质的产品，同时需考虑短视频广告的内容质量，只有高质量的内容才能吸引粉丝的关注和参与。

短视频达人团队必须打破传统广告的思维模式，站在用户的角度进行思考，注重粉丝的体验感，只有考虑到全方面的问题，才能打造高转化率的短视频广告。

8.2 广告变现：使用技巧提升效果

在短视频的多种变现方式中，广告变现是一种较直接的变现方式。只要账号拥有足够多的粉丝，运营者在视频中植入广告主的产品或服务，就能够获得广告费。当然，广告只是一种变现的方式，通过广告实现各方获利才是最终目的。在进行广告变现的过程中，运营者可以使用一些小技巧，如全场景覆盖、无形推广产品等，从而提升广告营销的效果，促进广告变现。

8.2.1 全场景覆盖：按需定制场景

运营者在制作短视频时，可以选择全场景覆盖的制作方式来吸引用户关注，提升他们的观看体验。

全场景覆盖的制作方式是指运营者构建广告内容适用的全部场景，并制作出涵盖全部营销场景的广告内容。运营者首先要选择合适的场景，至于具体的实践步骤则需要运营者根据短视频广告的必有内容以及所面向的目标群体来决定。一般而言，不同类型的短视频会吸引不同的用户，因此，场景的选择自然也不同。

在确定场景之后，运营者还应该制定一个与场景相符的详细方案，这样才能够在实践过程中达成更好的效果。不同的短视频广告主要可以构建出3个场景，分别是校园场景、社区场景和消费场景，如图8-17所示。接下来为大家一一介绍这3个场景及其构建方案。

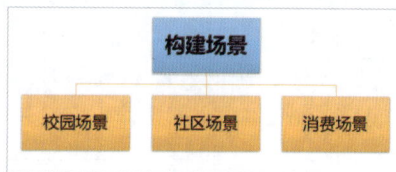

图8-17

1. 校园场景

在当下的移动互联网用户群体中，学生群体占有不小的比重，并且很多大力进行互联网广告营销的品牌的目标用户群体就是学生群体，因此，为短视频广告构建一个校园场景有利于促进短视频广告的营销与推广。图8-18所示为某个构建校园场景的短视频广告。

运营者在校园拍摄时，需要吸引校园内年轻人的关注，因此可以根据短视频的特点让学生参与拍摄。当这些学生成了短视频创作中的主力时，他们自然而然会主动关注后续的相关情况，如短视频什么时候会被发布，发布以后还会有什么样的后续工作等。

注意，如今越来越多的校园不允许外来人员直接进入，运营者需找到解决办法，采取变通的方式达到目的。

图8-18

例如，在部分校园中，学校社团需要举办一系列活动，以吸引更多成员的加入，而举办活动少不了经济开支，那么运营者便可以采用为社团提供赞助的方式来进入校园，完成短视频的拍摄。

通过提供赞助的方式进行拍摄，运营者可以在学生群体中获得好感，虽然这会产生一定的经济成本，但是运营者获得的回报也是很大的。与此同时，运营者还可以将学生中的领导者转化为场景中的人员，因为这些学生在校园中有着较好的人际关系，让他们参与拍摄可以使其他学生更好地接受短视频广告，从而取得最佳的营销效果。

2. 社区场景

构建社区场景是指运营者把视频内容的故事背景设置为生活化的社区环境。将广告产品与概念融入现实生活场景中，能够增加产品的真实性，也更容易吸引目标用户群体的关注。图8-19所示为某个构建社区场景的短视频广告。

在社区场景中拍摄之前，运营者首先要对该社区的人员构成进行调查，因为不同社区的人员特点有所不同。在具体的实践过程中，运营者应该选择一个人员构成与短视频目标用户群体重合度较高的社区进行短视频的拍摄，这样才能达到更好的效果。

除此之外，在社区场景中拍摄时，运营者可以让社区人员参与到短视频拍摄之中，让他们关注运营者的账号，以便后期观看短视频，这样不仅能让短视频的拍摄更加真实，还能在无形中收获一些粉丝。

为了尽快调动社区人员的热情和积极性，运营者可以为他们准备一些与短视频相关的小礼物作为参与拍摄和关注账号的赠品，也可以采取关注账号后可参加抽奖的方式来充分激发他们的积极性，让他们愿意主动关注账号。

图8-19

3. 消费场景

构建消费场景是指运营者把视频内容的故事背景设置为产品的消费情境，如体验式广告营销、采访消费场景中的消费者等。图8-20所示为某个构建消费场景的短视频广告。

运营者在消费场景中拍摄短视频时，要遵循快速、高效的原则。通常情况下，出现在消费场景的人都会有其目的性，如果运营者占用过多的时间进行拍摄，很容易引起人们的不满，最终导致拍摄失败。在这种情况下，运营者可以采取不一样的方式拍摄短视频，即与商家达成密切的合作。

不过，运营者要想与商家长期合作，就必须与之形成一种互惠互利的关系。运营者除了向商家付费使其帮助推广产品外，还可

图8-20

以在拍摄的短视频中为其打广告。这样，运营者就可以在减少成本支出的同时让商家得到相应的好处，从而构建稳定的合作关系。

运营者需要注意的是，无论是上述哪种场景下的短视频拍摄，都必须注重后期的持续关注度，从而判断实际的播放效果。如果运营者发现某种场景不适合短视频拍摄，那就以最快的速度脱身，防止浪费更多的人力和物力。

8.2.2 巧妙转换：结合创意做推广

运营者在快手账号积累了一定用户之后，除了接受平台补贴，还可以通过植入广告或定制广告的形式变现。原生广告、贴片广告、浮窗Logo广告、创意性软植入广告等广告形式各有优点，运营者可以结合自身的情况进行选择，提高短视频广告的变现率。

图8-21所示为快手某博主发布的带有广告植入的剧情类视频作品。

但是，在短视频中，广告形式如果过于直接或目的性太强，会引起用户的反感。接下来为大家介绍几个进行内容转换与创意推广的技巧。

1. 与短视频巧妙结合

运营者如果想在快手上通过广告实现变现的目的，就应该专心拍摄短视频，用心经营账号，将广告与短视频巧妙地融合在一起。运营者主要可以从以下3个方面进行尝试。

（1）简单有趣

快手平台具有碎片化的特征，因此运营者要想做出优秀的广告，则需将广告制作得有趣，这样广告才更容易抓住人们的眼球，获得广泛的传播。此外，过于复杂的广告的可操作性更差，会在一定程度上降低用户的理解程度，提高用户的参与门槛。因此，制作简单的广告更容易让人们主动点赞和转发。

（2）"标签"的社会性

互联网把整个世界连接在了一起，在这种情况下，每个人都会产生一种想要寻求"标签"的本能冲动，希望找到一个可以抱团的组织。所以，在制作广告的时候，我们就可以构思带有"标签"的创意，同时还要体现"标签"的社会性。

图8-21

例如制作一个在大学校园场景中的短视频广告，就为短视频贴上了"大学生适用"的社会性标签。

（3）使用逆向思维

要想在快手发布优秀的广告，就必须使用逆向思维，站在用户的角度去思考"我想看什么内容，会买什么样的产品"，而不是"我应该怎么把产品塞到用户手里"。这样做不仅可以减少用户对广告的抵触心理，还可以提升宣传和推广效果。图8-22所示为某美妆品牌在快手发布的短视频，其视频内容没有直接宣传产品的特性，而是通过利用旗下系列美妆产品进行妆容教学的形式，展示旗下系列美妆产品的试用效果，将产品与视频主题结合，达到了不错的宣传效果。

图8-22

站在用户的角度思考，运营者可以思考自己所营销的产品是在产品质量上有优势，还是在服务上有优势，抑或是其价格在同行中较低，性价比很高。总之，在变现之前，运营者需要设身处地地为用户思考，如果连你自己都不愿意购买自己的产品，那就说明营销计划需要调整。

2. 好的广告就是讲故事

与"硬广"相比，故事性广告具有更好的传播效果。不过，要想拍摄出这种广告并不容易，运营者需要注意以下3个方面。

（1）塑造个性化人物

故事性广告最重要的是塑造人物，如果广告里有人们喜欢和认同的人物，那围绕他拍摄广告就相当于拥有了强大的群众基础。通常情况下，运营者可以通过性格、语言、行为等来塑造个性化人物。

（2）加入新鲜感

如今，人们被各种品牌的广告轰炸，已经练就了异常强大的心理。因此，要想充分打动他们，故事性广告就要以新颖为主要的切入点，引起他们强烈的好奇心。图8-23所示为某食品品牌在快手中发布的短视频广告。该品牌通过虚拟卡通场景和虚拟卡通形象间的对话传达内容，获得了不错的宣传效果。

（3）完美的结尾

有了好的人物、新颖的过程，结尾也要完美。人们能否记住你的广告，在很大程度上取决于广告的结尾如何。在高潮过后，结尾有弥补遗憾、解释伏笔、突出品牌的作用。因此，对于故事性广告来说，结尾必须有说

图8-23

服力，要让用户觉得既符合逻辑，又非常令人满意，从而留下深刻的印象。

3. 具有创意更能打动人

要想提升品牌形象、提高知名度，运营者不仅需要在产品的质量上下功夫，还应该尽可能制作出创意的广告。那么，运营者应该怎样做才能让广告有创意呢？可以从以下3个方面着手。

（1）关注其他快手账号的动态

如今，各个短视频平台中的竞争都十分激烈，快手自然也不例外。想要在快手中获得一席之地，通过广告获取一桶金，运营者就必须时刻关注其他快手账号的动态，了解快手当下的热门内容和已有创意，然后根据各方信息对自己的广告和创意做出调整。特别是快手运营及快手广告变现的新手，可以通过多观察、多学习优秀的快手账号的内容，来帮助自己尽快适应快手运营及快手广告变现的模式与节奏。

图8-24为某二手交易平台在快手中发布的广告。该广告通过快手达人介绍自己的二手包购买经验与购买渠道，向大家宣传了该二手交易平台，获得了不错的推广效果。

（2）广知天下事

对于快手账号运营者来说，除了关注其他快手账号的动态，还需要利用敏锐的洞察力及时关注新闻和热点。实时了解微博、百度、网易等平台的热搜榜单，运营者既可以全面了解当下的整体信息环境，还有机会从中提取出绝佳的创意。

（3）注重积累

机会是留给有准备的人的。一些时候，广告的创意是在一瞬间迸发出来的，但是这样的情况毕竟不会经常出现，主要还是需要运营者在平日不断积累。在这种情况下，我们就需要一套完整的素材搜集体系，将看到的精彩短视频保存下来，将好的广告片段记录下来，将看到的优美语句摘抄下来，也许它们就会成为下一个创意的灵感来源。

以上这些方法可以使你的广告更加新奇有趣，不仅更易被用户接受，还能有效追踪到目标受众，避免出现因广告太"硬"导致用户反感的情况。

图 8-24

8.2.3　变现流程：按部就班，加快速度

了解了广告变现的场景定制和创意推广之后，我们再来了解其基本流程。广告变现的流程一共分为 5 步，如图 8-25 所示。运营者在了解了这一整套流程之后，可以按照自身运营情况，对该流程进行一定程度上的模式化处理，方便在后续的广告变现工作中，简化沟通与操作程序，加快项目完成速度，提高变现效率。

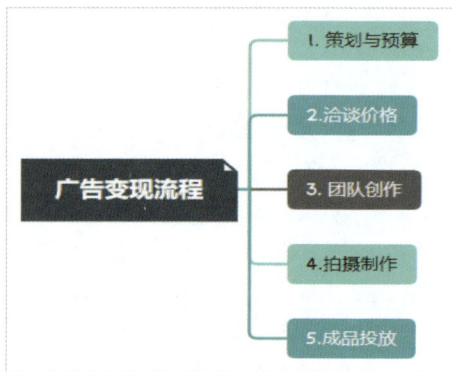

图 8-25

1. 策划与预算

当运营者与广告主或广告代理公司达成初步的合作意向后，双方首先要对广告的内容策划及预算进行大致的沟通与规划，为后续工作的推进奠定基础。

2. 洽谈价格

当广告主或广告代理公司明确了自己的推广需求，运营者也明确了自己的推广任务之后，双方应该根据合作的方式、投放广告的时长、达人的影响力和粉丝数量等各方面条件，洽谈广告推广价格，以一个双方都满意的价格达成合作。

3. 团队创作

将广告推广价格确定下来后，广告主或广告代理公司应与运营者充分沟通各种重要事项，一起商量内容、脚本等细节问题。

4. 拍摄制作

运营者在实际拍摄视频时，应由广告主或广告代理公司进行把控，以避免后期需要修改的风险，进而减少成本，降低风险，抓牢质量。视频拍摄完毕后，运营者需要将成品交给广告主或广告代理公司审核，并按照反馈的建议与要求，修改视频内容。

5. 成品投放

视频制作好并审核通过之后，运营者需要将其投放至快手平台，吸引用户观看和关注，并对后期的宣传进行维护，还要评估成品的最终投放效果。

■拓展讲解： 以快手推出的某个快手达人生态营销官方平台为例。快手达人可以在该平台上接受广告客户指派给自己的任务，也可以主动参加广告客户发布的招募任务，在规定时间内，按广告客户的要求发布短视频或发起直播，赚取对应的推广收益，实现变现。

运营者可以在快手主界面的搜索栏中搜索该平台，在搜索结果界面中找到官方平台并点击"入驻"，如图8-26所示。进入的开通界面后，运营者根据系统指引完成开通即可。

图8-26

8.3 平台盈利：向平台资源借力

在快手，绝大多数运营者都通过各种变现方式有效地将自己的流量转化为实在的收益。除了前文分析的借助快手与广告主或广告代理公司合作，进行广告变现的盈利方法外，运营者还可以与快手进行合作，从快手处获利，这主要包括签约独家、参加活动和渠道分成。

8.3.1 签约独家：账号与平台的互选

当今各大短视频平台层出不穷，为了能够获得更强的市场竞争力，很多短视频平台纷纷开始与运营者签约独家发布、独家直播等内容传播权益，快手亦是如此。与平台签约独家，成了运营者快速变现的途径之一。不过，这比较适合运营成熟、粉丝众多的运营者。图8-27所示为快手平台某个签约了独家发布的账号的主页。

签约独家是快手与运营者互相选择的结果。快手为了能够更好地吸引运营者，往往会给出高价酬金；运营者可以通过签约独家获得更多专属权利和回报。而作为运营者，要想与快手签约独家，首要任务是保证自己的短视频内容质量高且不断创新。在保持输出高质量内容的同时，账号必须已经达到一定的发展水平，或者能让快手看到账号巨大的发展空

图8-27

间，展现自己难以被他人替代的特点和优势，才更容易被快手选择和看重。

运营者与快手签约独家是一个双向选择的结果，运营者不能一收到快手抛出的"橄榄枝"就直接同意并签约，而是要根据自身账号的内容特性、运营状况等各方面的因素谨慎考虑是否要签约。运营者要在运营账号的过程中，应有一个明确的运营目标和规划，这样才能保证账号能够在符合预期的情况下实现更加长远的发展。

8.3.2 参加活动：领取平台奖励金

快手为用户设置了一些活动任务，用户可以查看并领取各项活动任务，顺利完成对应活动任务后，可以获得平台奖励金，实现或助力账号变现。

1. 快币活动

为了提高用户活跃度，快手设置一些奖励活动，用户完成活动任务即可获得"快币"或专属礼物。

打开快手，点击界面左上角的"红包"标识，即可进入金币与任务的详情界面，如图8-28所示。积极参加快手活动，便能成功领取金币，10000个快手金币可以兑换1元，金币会在次日凌晨自动兑换为现金，用户可以将现金提现到微信和支付宝账户中，实现变现。

图8-28

2. 任务中心活动

快手为了助力运营者成长、变现，设置了任务中心，运营者可以在"创作者中心"的"任务中心"板块查看相关内容，如图8-29所示。

图8-29

快手"任务中心"提供了成长任务和活动任务两种形式的任务。用户参与成长任务可以积累创作积分，兑换所需流量奖励和创作权益；参与活动任务可以收获流量、现金等多种不同形式的奖励，帮助账号进行变现。另外，运营者可以根据自身情况与需求，从奖励类型和内容类型两方面选择对应任务。任务的奖励类型分为现金、流量券和快币，任务的内容类型分为短视频和直播，如图8-30所示。

图 8-30

8.3.3 渠道分成：快速积累所需资金

对于运营者来说，渠道分成是运营初期可采用的最直接的变现手段之一，选取合适的渠道分成模式可以快速积累所需要的资金，从而为后期其他短视频的制作与运营提供便利。在快手，针对短视频本身的渠道分成模式主要有 3 类：一是推荐渠道，二是视频渠道，三是粉丝渠道，如图 8-31 所示。

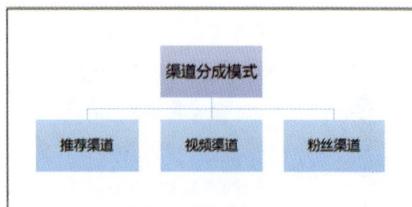

图 8-31

8.4 内容变现：拓展商业运营模式

除了通过广告和短视频平台等达到变现的目的之外，运营者还可以从内容周边及衍生服务等方面下功夫，寻找适合自己的变现模式。

8.4.1 内容合作：强强联合，谋求共赢

内容合作是快手与专业的内容运营者（如大型媒体、制作公司等）进行合作发展的一种盈利模式，旨在寻求双方互利共赢。随着互联网内容的不断更新换代、短视频行业的不断发展成熟，越来越多的不同行业的人员进入短视频行业进行内容创作与应用，短视频内容日趋专业化和优质化。在这种行业现状下，短视频行业不断规范，其在商业化转化方面也更加成熟，促使运营者生产更多高质量的内容，账号的持续发展往往难以由个人的创作维系，而更需要专业化、集团化的运营。

虽然草根化、平民化的内容仍然会持续存在，但是大多数运营者会趋向于追求打造高端化的头部产品，草根化、平民化的内容在这个过程中也会逐渐向专业化内容过渡。这时，就需要大型媒体、制作公司来生产内容，因为无论是设备、人才还是制作水平，它们都有普通创作者难以拥有的优势。大型媒体、制作公司在短视频的质量把控方面更加专业，而且可以联合不同的团队形成一个社群，实现优势互补，最大限度地吸引用户。

快手也与众多专业的内容运营者建立了内容合作关系。例如某大型媒体集团入驻快手，进行账号运营，并且与快手进行了深度合作，其合作方式为快手为该大型媒体集团提供推荐引擎技术支持及推广资源服务，该大型媒体集团的新媒体中心通过自己的快手账号，挑选短视频进行上传，确保发布高质量内容。这样的合作方式让双方各取所需，互惠互利，达到共赢的目的。图 8-32 所示为该大型媒体集团的官方快手账号的主页。

内容合作是快手与运营者之间互惠互利的过程。运营者所制作的内容本身必然有一定特色才能被平台选中，而快手必须有一定的发展速度，并且前景良好，注重对本平台运营者相关权益的保护，才能源源不断地吸引更多的运营者前来加入，从而推动快手更好地发展。

8.4.2　销售课程：知识付费，大有发展

如果运营者在某个领域有丰富的经验或者庞大的知识储备，那就可以在快手销售自己录制的线上课程，尝试知识付费变现。例如，对于销售技巧类账号，运营者就可以做一套如何让销售业绩翻倍的系列课程；对于塑形瘦身类账号，运营者就可以做一套如何边吃边瘦身的课程；对于亲子育儿类账号，运营者就可以做一套如何培养孩子独立性或者高情商的课程。

对于部分自媒体和培训机构来说，其自身可能是无法为消费者提供实体类商品的。这类运营者就可以在快手积累粉丝，进行自我宣传，同时通过开设课程、招收学员的方式，借助课程费用赚取收益。

图 8-32

在快手主界面中的侧边栏中点击"付费内容"按钮，即可进入"付费内容广场"界面，用户可以在该界面了解并购买各种类型的付费课程，如图 8-33 所示。

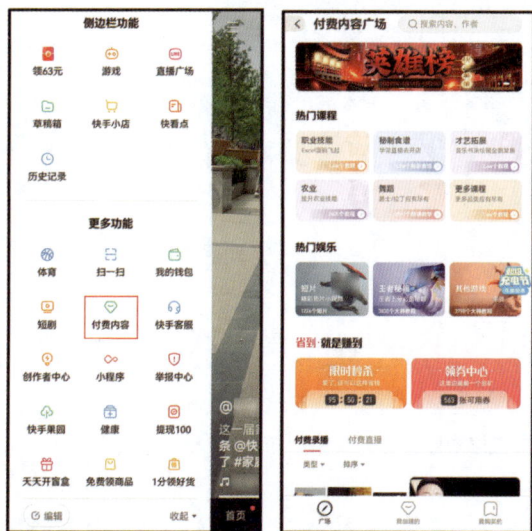

图 8-33

用户进入感兴趣的相关课程界面后，可以看到课程的价格、销量、课程简介、评价等信息，点击"立即购买"按钮即可购买该课程，如图 8-34 所示。

运营者只需达成"实名认证""粉丝数≥800 人""发布公开且合规作品数≥10 个"等 3 个条件即可申请成为付费内容生产者。运营者在"付费内容广场"界面最下方，点击"我创建的"按钮。进入"我创建的"界面，点击"申请成为创作者"按钮，进入申请界面，达成开通条件后，点击"确认申请"按钮即可成为快手的付费内容生产者，如图 8-35 所示。

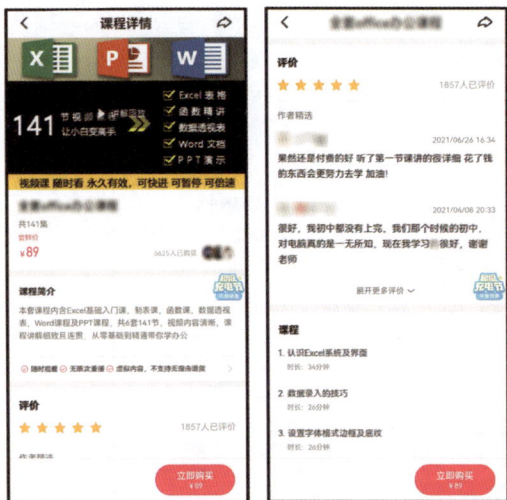

图 8-34

图 8-35

8.4.3　产品测评：保持中立，获得信任

产品测评指的是测评类账号的运营者挑选用户感兴趣的产品，测试其效果、成分、质量和性价比等，并在测试的同时，为用户提供安全、放心的产品。图 8-36 所示为某头部测评类账号的主页及快手小店。

当然，普通运营者难以达到头部测评类账号那样的专业程度，但可以运用这一方式达到变现的目的。例如，运营者可以测评线上课程，通过亲身学习课程的内容，对自己的收获以及课程中的知识点进行真实评价；也可以测评销量高的"爆款"商品，对其质量、使用感受做出评价。但值得注意的是，测评的原则是要保持中立的态度，基于真实感受做出真实的评价，这样才会吸引用户的持续关注。

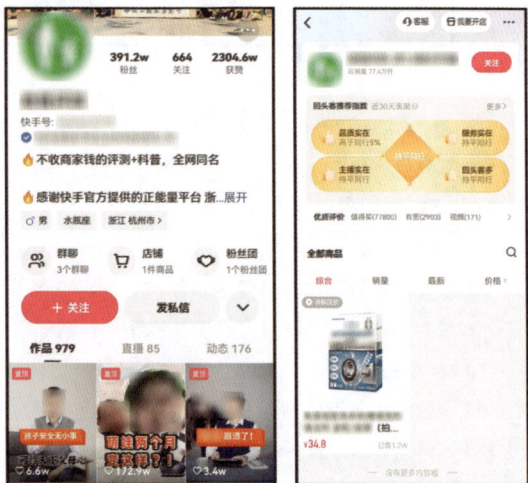

图 8-36

8.5　防止封号：警惕变现过程中的封号

运营者在通过创作视频、商务合作等方式进行变现的过程中，应该注意遵守快手的社区内容规则与规范，警惕变现过程中的封号风险，避免因封号导致运营成果付之一炬。

快手对于账号内容主要有违法违规、色情低俗、公序良俗、未成年相关和平台秩序等五大方面的要求与规范，下面为大家进行简单介绍。运营者要想了解更加详细的快手社区内容规则与规范，可以在快手主界面的侧边栏中点击"举报中心"按钮，进入"举报中心"界面，点击"社区规则"按钮，查看相关信息，如图8-37所示。

图8-37

❏ **违法违规**

快手要求账号不能有涉及危险驾驶、违法广告、违规广告、侵犯隐私、影响社会治安及封建迷信等方面的内容。

❏ **色情低俗**

快手要求账号不能有涉及暴露着装、引导低俗联想、色情画面、色情交易等方面的色情低俗内容，其中运营者要特别注意不要裸露身体的胸部、臀部等敏感部位。

❏ **公序良俗**

快手要求账号不能有涉及吸烟画面、侮辱诽谤、不当言论、危险行为、恶俗行为、恶意营销炒作、极端夸张行为等公序良俗方面的内容。

❏ **未成年相关**

快手要求账号不能有涉及未成年暴露诱惑（包括婴幼儿下体）、未成年恋爱婚孕、未成年抽烟喝酒等未成年相关的负面消极内容。

❏ **平台秩序**

快手要求账号不能有涉及重复作品、引流营销及私下交易等扰乱平台秩序的内容。

提示： 快手对于封号操作向来较为谨慎。对于一般程度的违规，相关作品会被删除，涉事账号会被禁止上传作品3天，快手会通过私信予以通知。直接被封的账号一定是存在严重违规的内容。希望大家爱惜自己的账号，上传或转发作品前注意内容是否适宜传播。

第9章

快手小店：
自营电商达成变现

　　从2018年8月开始，快手开始大力扶持电商，从"打赏"向"打赏＋电商＋广告＋增值服务"的多元化盈利模式转变，使快手的带货量激增，许多带货能手不断创造出了带货奇迹。快手电商致力于为用户提供值得信任的消费体验，为主播和品牌方提供互利共赢的营销环境。为了加速电商生态的发展，快手推出了快手小店这一功能产品。本章将为大家详细介绍快手小店的相关内容。

9.1　快手小店：平台支持的商家功能

快手小店是指由快手官方提供技术支持和服务的、供商家入驻开设店铺向消费者销售商品/服务，帮助商家与消费者达成交易意向并向商家提供其他与交易有关的辅助服务的电子商务平台，又称"快手电商平台"。

快手小店旨在为快手优质用户提供便捷的商品售卖服务，帮助其高效地将自身流量转化为收益。本节将从开通快手小店、选择类目、参与分销、快手小店经营等4个方面向大家具体介绍相关内容。

9.1.1　开通快手小店：开通操作说明

运营者开通快手小店后，将获得很多电商运营便利，主要有3点：获得多样的收入方式，高效转化粉丝流量为收益；得到快手官方针对快手小店提供的额外曝光机会；使用快手提供的便捷商品管理及售卖功能。

接下来介绍开通快手小店的具体操作步骤。

01　打开快手，点击左上角的更多按钮≡，在弹出的侧边栏中点击"快手小店"，如图9-1所示。

02　进入"快手小店"界面，点击右上角的开店按钮🛒，如图9-2所示。

03　在开店界面有两种身份可供运营者选择，分别为"我是主播"和"我是供货商/品牌方"，而在"我是主播"下还可以选择推广商品赚钱或卖自己的商品赚钱，如图9-3所示。运营者可以根据自己的需求选择相应的开店方式。以选择"我是主播"身份中的"我可以推广商品赚钱"为例，点击对应一栏中的"立即加入"按钮，进入图9-4所示的入驻信息界面，入驻类型为系统默认的"达人"。

04　按照要求完善经营者信息并勾选相关协议后，点击下方的"人脸验证并入驻"按钮。

05　人脸认证成功后，系统会自动跳转至"快手小店"界面，表示开通成功，如图9-5所示。

图9-1

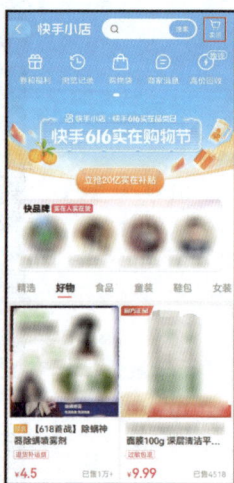

图9-2

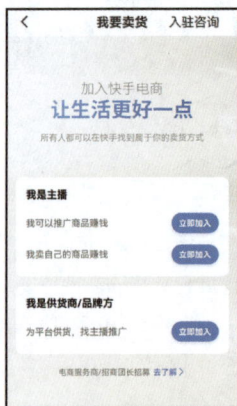

图9-3

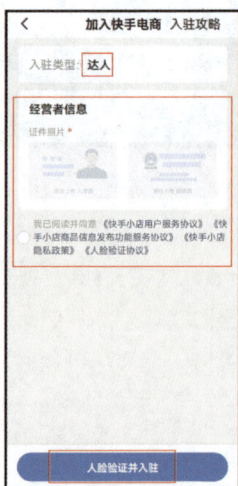

图9-4

图9-5

拓展延伸： 快手小店有多种入驻类型供运营者选择，每种入驻类型的入驻材料要求和快手小店运营方式都会有所不同，能够满足不同身份类型的快手小店运营者的需求。

快手小店分为个人入驻和企业入驻两大类，每个类型下又有几个小类，如图9-6所示。其中，个人入驻需要运营者提供经营人身份证，并且入驻后的部分卖货功能和经营类目有所限制；企业入驻需要运营者提供企业法定代表人身份证、企业营业执照和行业资质，以及商品相关品牌资质，该入驻类型不会有卖货功能和经营类目上的限制。

图9-6

在快手小店直接开通店铺售卖商品的需缴纳店铺保证金，推广售卖其他平台商品的需缴纳推广保证金，若同时开通上述两类的需缴纳两种保证金，未开通的则无须缴纳保证金。快手会根据快手小店经营的商品类目、开通服务、销售额等因素综合计算得出需要缴存的保证金阈值，个人店最低缴存金额为500元，企业店最低缴存金额为10000元。另外，运营者缴纳的保证金余额是可以提取的，高于保证金阈值的金额可以随时申请提取，保证金阈值内的金额仅可在关店时全额提取。

9.1.2 选择类目：设置快手小店主营类目

除了个人入驻中的达人类型外，选择其他入驻类型时，运营者都需要在填写入驻资料的过程中选择快手小店的经营类目，如图9-7所示。

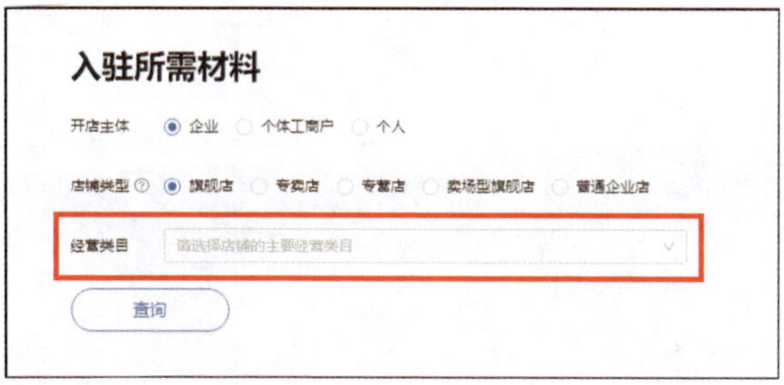

图9-7

注意，运营者所选择的快手小店经营类目需要与企业营业执照的经营范围一致。另外，在快手平台中，经营类目并未全部向运营者开放，部分经营类目无法被运营者选中，还有部分经营类目仅向接受平台定向邀请入驻的运营者开放。运营者若选中了由平台定向邀请入驻的经营类目，系统会自动在界面中弹出相关操作提示（见图9-8），指导运营者以商家身份发送申请邮件，由平台评估是否允许入驻。

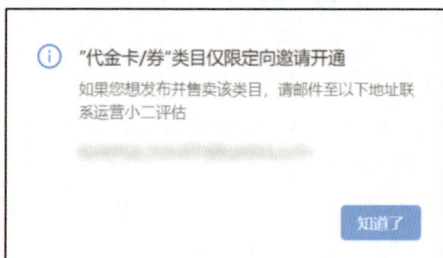

图9-8

如果快手小店想要出售进口商品，还需要提交进出口报关单以及相关的检验检疫证明，并且报关单上要展现对应品牌名称及商品名称。

拓展延伸：运营者根据自身的情况，添加合适的商品之后，即可上架商品，正式运营快手小店。快手小店的主营类目限制功能要求售卖其他平台商品的用户，最多选择3个一级类目为自己的主营类目在快手进行售卖推广。因此，运营者在设置主营类目时一定要谨慎，并一次性选择完毕所想要售卖的类目。

9.1.3　参与分销：官方提供分销平台

快分销作为快手的分销平台，能够连接达人和商家，将商品卖给消费者，采取的是定向招商的方式，目的在于降低达人的电商化门槛，为达人提供更多优质的商品供给。

整个快分销生态由推广者、商家供应链、招商团长共同组成，如图9-9所示。推广者负责找货、找团长、找供应链基地；商家供应链负责提供优质商品；招商团长是指具有品牌招商能力并能撮合推广者与商家供应链，以提升商品推广效果的单位或个人，需要通过自身积累的丰富行业经验完成供需匹配。

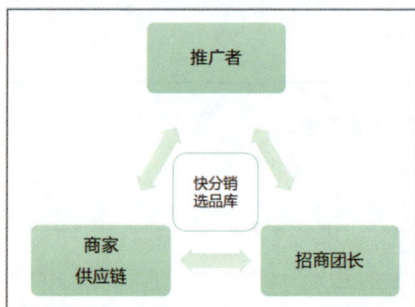

图9-9

针对招商团长，快手电商将提供线上结算、数据沉淀与积累、达人与商家推荐、0费率、达人爽约保护、营销合作等多项功能。

作为新手，应该如何使用快分销上架商品呢？其具体步骤如下。

01 在"快手小店"的卖家端界面，点击"常用应用"下的"选品中心"按钮，或者点击"快分销"下属的"选品中心"按钮，如图9-10所示。

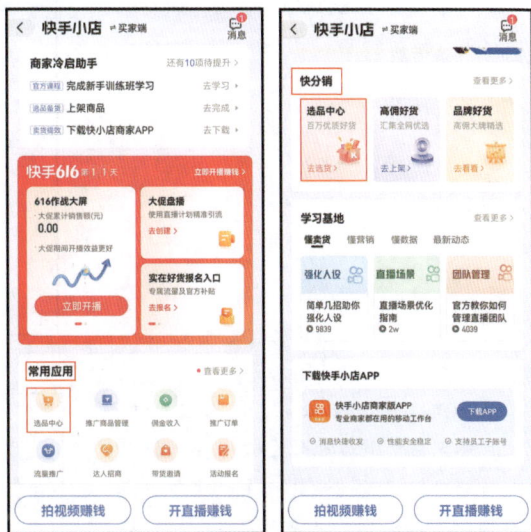

图9-10

02 进入图9-11所示的"快分销"首页，在该界面中可以看到各种商品。运营者可以选择任意商品，进行"分享赚钱"或"加入货架"操作，如图9-12所示。

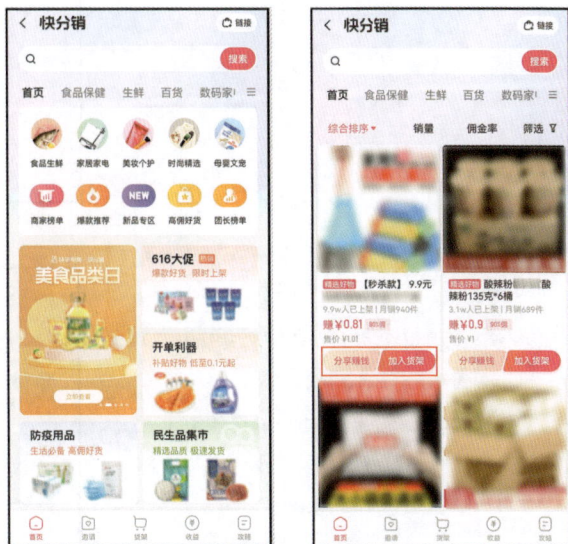

图9-11

图9-12

03 新手第一次选择"分享赚钱"时，系统会自动弹出"分享推广来赚佣金"界面，勾选协议，点击"立即开通权限"按钮即可，如图9-13所示。新人第一次选择"加入货架"时，系统会自动弹出"开通快分销推广权限"界面，勾选协议，点击"立即开通"按钮即可，如图9-14所示。

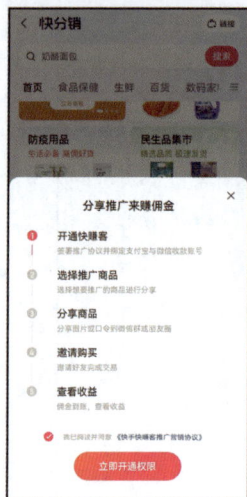

图9-13

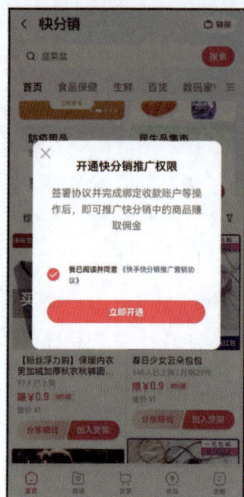

图9-14

04 可以选择微信和支付宝两种方式绑定快手小店的收款账户，如图9-15所示。以微信为例，点击"立即绑定"按钮，然后按要求填写安全认证资料，点击"确定"按钮，如图9-16所示。

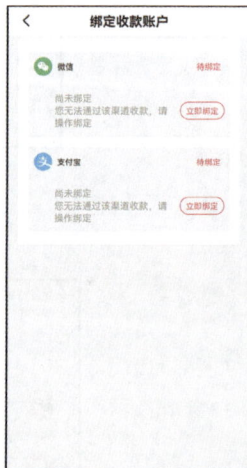

图9-15

图9-16

05 跳转到"选择商户类型"界面，选择合适类型并点击"开始填写资料"按钮，如图9-17所示。

06 以选择"个体工商户"类型为例，按要求填写资料后，点击"下一步"按钮，如图9-18所示。

图9-17

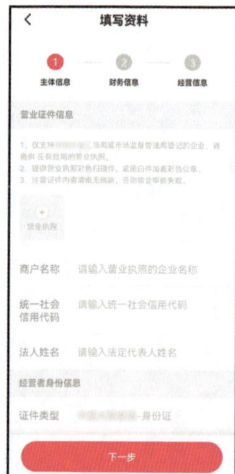

图9-18

07 进入图9-19所示的微信授权界面，点击"允许"按钮进行授权。

08 授权完成后，返回绑定界面，显示绑定成功，如图9-20所示。

 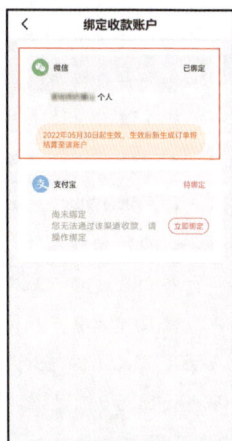

图9-19　　　　　　图9-20

快分销相关权限开通成功后，点击"加入货架"按钮即可将指定商品加入自己的快手小店货架中，成功添加的商品会显示"已添加"字样，如图9-21所示。

快分销中的部分商品支持运营者0元试用样品。点击对应商品信息卡片，进入商品信息详情页，运营者可以点击界面左下角的"0元寄样"按钮，向卖家申请获得样品，如图9-22所示。

图9-21　　　　　　　　　　图9-22

拓展延伸：了解了开通快分销的方法之后，新手在正式运营的过程中还会遇到一系列问题。可能遇到的问题及相关回答如下。

（1）如何申请样品？申请样品的邮费由谁出？若商家拒绝提供样品怎么办？

答：达人选择推广某款商品后，可在"快手小店——选品中心——货架——0元寄样"中申请样品。申请成功后商家会决定是否寄出样品，若商家同意寄出样品，则达人需自付邮费，并可在申样入口查看物流进度。若商家拒绝提供样品，达人也可自行购买。

（2）是否可以调整上架商品的价格和佣金？

答：上架商品的价格及佣金仅支持由商家自行调整，推广达人不能进行修改。

（3）推广出去的商品需要达人退换货和发货吗？快分销商品退货地址怎么填？卖货产生售后问题怎么办，由谁处理？

答：对于达人成功推广分销的商品，其订单会自动生成在供应商品的商家小店后台，不需要达人处理发货、售后问题，这些问题均由对应平台的商家进行操作。退货地址填写供货商家地址，但是买家可能不知道如何申请售后，达人需要告知买家操作方法。毕竟商品是由达人进行推广的，买家也是因为认可达人才进行购买的，为了打造良好的购物体验，希望达人可以帮助他们。

（4）在哪里看我的推广商品呢？

答：打开快手小店卖家端，点击"常用应用"下的"推广商品管理"按钮，然后在"推广商品"界面点击下方的"推广管理"，即可查看自己在快手的推广商品并且可以进行添加商品、下架商品等操作，如图9-23所示。

（5）开通快分销推广权限是否需要交保证金，还是直接开通？

答：达人开通快手小店后，即可申请开通快分销推广权限，不需要交任何费用。

（6）快手收款账户实名认证的名字是否需要和开店实名认证的名字一样？

答：收款账户实名认证的名字需和开店实名认证的名字保持一致。

（7）佣金怎么提现？什么时候可以到账？

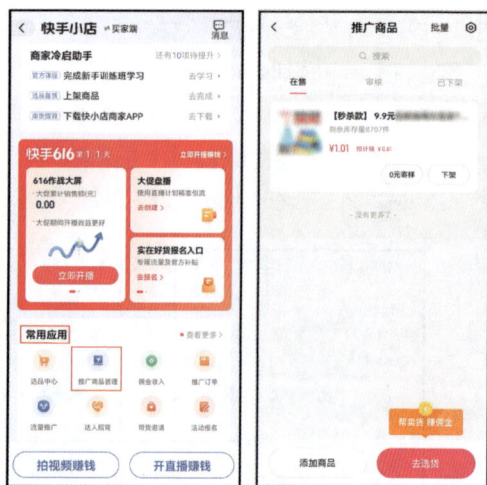

图9-23

答：佣金收入界面有一个查看收款账号的选项，达人可以先点击查看自己绑定的收款账户，如果显示已绑定收款账户，系统会自动将款项结算到对应的收款账户中。买家如果用微信付款就是银行卡到账，如果用支付宝付款就是支付宝到账。买家确认收货后7天系统会同时将货款结算给商家、将分销佣金结算给推广者，各方可自行手动提现。

9.1.4　快手小店经营：了解服务管理规则

了解了快手小店的开通步骤和相关功能后，运营者还需要熟知快手小店的售后服务管理规则和运营方法，对快手小店的运营雷区与可参考数据做到心中有数。

在"快手小店卖家端"界面底部点击"客服中心"按钮，即可进入"客服中心"界面，如图9-24和图9-25所示。

在"客服中心"界面点击"更多工具"按钮，即可进入"工具中心"界面，在此界面中，运营者可以查看快手小店的相关工具，如图9-26所示。

图 9-24　　　　　　　图 9-25　　　　　　　　　　　　图 9-26

运营者可以根据快手小店与账号的运营需求，查看相关数据与快手小店规则，例如点击"商家热门"下的"小店规则"按钮，可以查看快手小店相关的全部规则与最新的平台公告，以及官方发布的规则解读，如图9-27所示。

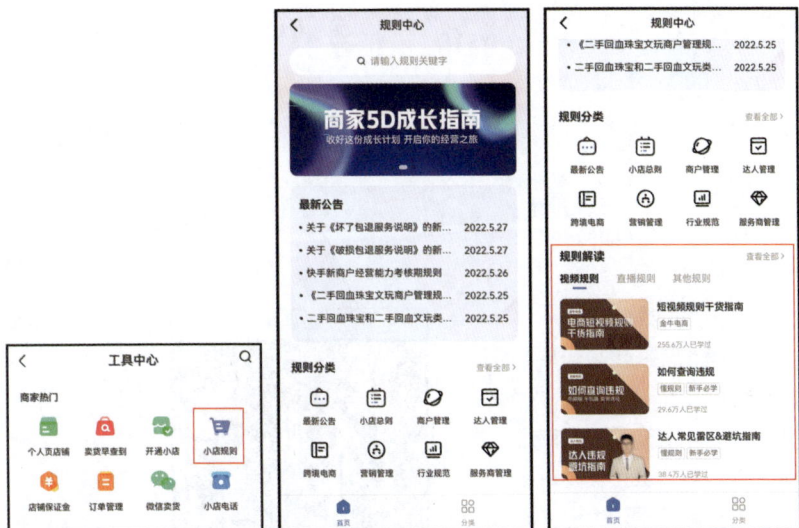

图 9-27

9.2　营销卖货：电商带货营销浅析

随着短视频平台的创作者及商家不断摸索，短视频电商带货已成为红利流量的新入口。本节将从快手小店选品和商品组合两方面向大家介绍在快手进行电商带货营销的方法，希望能在实际操作中给予运营者一些帮助。

9.2.1　快手小店选品：带货选品有妙招

运营者要想实现短视频带货商品的高转化率，除了对视频内容进行创意开发之外，还要做好选品。

短视频带货商品选择是否符合账号定位，是否符合用户群体的需求，决定了最后能够实现的商品销量。本节将具体介绍快手带货选品的要点，帮助运营者选对商品，提高打造"爆款"商品的概率。

1. 大数据选品

大数据选品的重点是学会利用工具，不管是短视频剪辑，还是短视频带货选品，运营者学会利用工具都很重要。短视频剪辑有剪辑工具，短视频带货选品有商品数据分析工具。例如，若运营者想查看快手短视频电商带货中销量高的商品，就可以登录商品数据分析工具快手版后台，查看相关数据。

了解到销量高或者呈上升趋势的商品数据后，运营者就可以去电商平台查找包含这些热门商品的店铺，并根据自己所在短视频平台的特性，选择相应的卖货渠道。运营者在确定热门商品时应关注以下4种数据。

（1）商品的上架达人数量

一般情况下，某商品被越多的达人选中上架，就能有越高的销量，同时说明该商品在消费市场中越火爆。商品信息页展示了该商品的上架达人数量等，如图9-28所示。但运营者同时要注意，上架达人数量越多，用户对该商品的新鲜感也会相应减少。

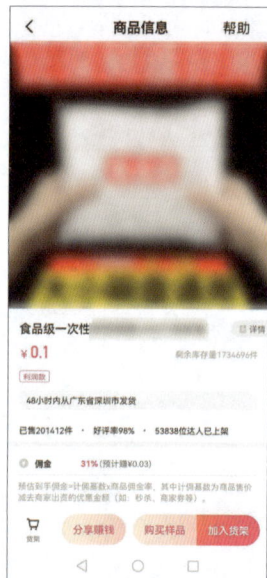

图9-28

（2）商品的历史销量数据

运营者可以根据商品的近30天推广数据的增减趋势，来判断该商品的市场需求情况，寻找最近销量不错、有上升空间的商品，如图9-29所示。同时，运营者还需要对比上架达人数量与商品的实际销量，优先选择那些上架出单转化率高的商品。

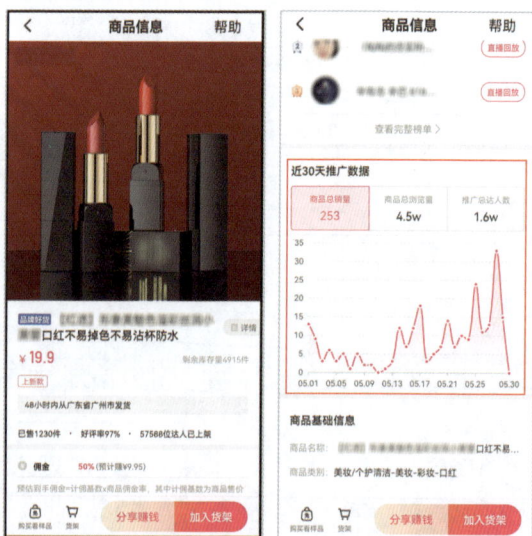

图9-29

（3）商品价格与佣金

运营者在入门阶段，不宜"眼高手低"，选择那些价格过高的商品，价格适中且佣金率合适的商品才是入门阶段的保险选择。运营者可以随着后期账号不断发展，带货影响力不断增强，逐渐选择价格和佣金率更高的商品。商品卡片页和商品信息页都显示了商品的价格及佣金，如图9-30所示。

图9-30

（4）商家评分

商家小店的购物体验星级评分代表了其商品质量、服务水平，选择评分更高的商家，更能保障粉丝的消费体验，如图9-31所示。

2. 合理利用"网红"效应

众所周知，很多与明星进行密切商务合作的品牌，就是看中了明星自带的宣传能量，希望通过明星的"网红"效应进行品牌宣传与带货。同理，运营者在做快手小店的带货选品工作时，也可以合理利用"网红"效应。"网红"所推荐的商品，通常能满足粉丝的心理需求。因此，在选品时，运营者可以适当选择一些"网红"推荐的商品。

图9-32所示为快手小店商家利用"网红"效应带货的示例。

图9-31

图9-32

但要注意，运营者要争取抓住商品销售的第一波热度。一方面，很多商品有时效性，过了某一个时间段，可能就不再适用；另一方面，"网红"推荐的商品会被其他商家复制销售，如果没有抓住商品销售的第一波热度，则会错过商机。

3. 根据用户的需求选品

不管是发布视频还是选品，解决用户的痛点，提供用户所需要的价值，都是最有效的方法之一。能抓住用户痛点的商品不仅转化率高，而且利润空间较大。

4. 同市场网站选品

大多数运营者在开展电商带货时，通常是专注于某个垂直细分领域的。因此，运营者可以在同市场网站搜索相关品类的商品，查看销量高的商品有哪些，以此为参考来选择短视频带货商品。

目前为止，国内可参考性较大的平台有淘宝、拼多多等。运营者只有了解大趋势下用户的消费倾向，在选品时，才能尽量避开不受用户欢迎的商品。

9.2.2　商品组合：商品搭配有技巧

既然是电商带货营销，那么一定离不开直播带货。一场直播需要哪些类型的商品组合呢，本小节将为大家揭晓答案。价格差异是盈利的关键促成因素，根据价格或销售目的的不同，商品可以分为引流款、利润款、"网红"款、高端款和福利款等5种类型，运营者应根据电商运营需要进行不同类型的商品的搭配组合。不同类型的商品组合会帮助运营者覆盖更多的用户，让快手小店拥有各种购买力的用户。

1. 引流款

获取流量，需要成本。线下有店铺成本，线上有排名成本，而成本除了意味"多花点儿钱"，还可以意味"放弃利润"。但放弃利润可以吸引用户的注意力。引流款商品是可以为运营者带来流量的商品，也就是说这类商品的排名较高，易吸引用户注意。

在实际操作时，主播可以在直播间内与用户互动，提高直播间的人气。运营者也可以直接将商品上架，并加入"买一送一""粉丝福利"等关键词，让用户能够检索到引流款商品，如图9-33所示。

值得注意的是，引流款商品并不等同于"廉价"商品，这类商品有默认的价格范围。例如羊肉串的正常价格是5元一串，而运营者在引流时，限时限量卖0.1元一串，自然会吸引目标用户抢购，这样就能达到引流的效果。引流款商品的设置在店铺中起到非常重要的作用，只有店铺有源源不断的流量，才能在后续有效出售利润款商品，实现盈利。

2. 利润款

一场直播盈利多少，关键要看利润款商品的销售数据。利润款商品适用于直播间的目标用户，这些用户追求个性，愿意并有能力消费。因此，利润款商品一般品质较高，而且有自己独特的卖点。

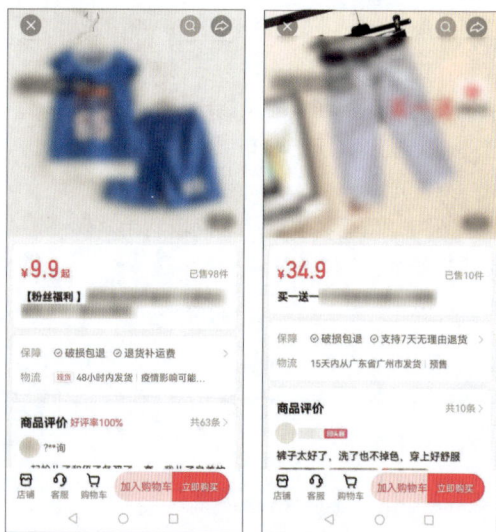

图9-33

一般而言，利润款商品的上架时段是直播间人气和流量较高的时段。这样一来，运营者能确保利润款商品被更多人看到。同时通过主播不断反复对利润款商品进行讲解，能让用户更多地了解其信息。并且，在流量较高的时候，主播会适当拉长商品的讲解时间，反复强调商品的价格或相关活动，以提高商品的转化率。

图9-34所示为快手某场带货直播的数据概览，可以发现该场直播在19:29左右上架利润款商品后，直播间的在线人数达到了峰值，促进了直播间的流量转化，提高了效益。

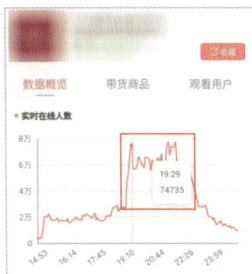

图9-34

3. "网红"款

运营者可选择一些近期的"爆款"类目商品，这些商品自带热度，可以实现快速出单。在直播间上架这类商品，无非就两个目的：清库存、冲销量。这些商品作为快手小店及直播间的主打款，一般讲解频次较高或讲解时间较长，以便让用户充分了解该商品。

"网红"款商品对上架的时段没有太多的要求，不管是流量高的时段，还是人气一般的时段，都可以上架和讲解。因为这类商品既是直播间的主打款，又是冲销量的商品。因此，运营者要想提高效益，就要时不时地在直播间上架"网红"款商品，增强观众的购买欲望。

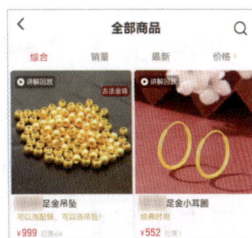

图9-35

4. 高端款

高端款商品会提高快手小店商品的层次感，帮助运营者和粉丝建立信任关系，品牌背书有助于快手小店商品售价的提高。运营者可以选择具有一定知名度的商品作为高端款商品，这样既能够保证质量，也可以提高直播间的转化率，如图9-35所示。

5. 福利款

运营者可以选择一些在生活中使用频率高或者销量高，并且性价比高的商品作为福利款商品，并为快手小店或账号的粉丝提供福利价，让他们产生"抢到就是赚到"的消费情绪，增强粉丝黏性，如图9-36所示。

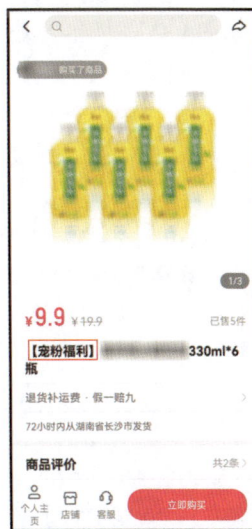

图9-36

9.3　变现要素：实现收益最大化

快手用户的日均在线时长超过了2小时，用户黏性非常强，而且近6亿的月均活跃用户带来的流量也很可观，如果能行之有效地利用这些流量去变现，获得的收益将是巨大的。除了前文为大家介绍的账号宣传导流、账号人设的塑造、快手小店及营销卖货的相关知识外，运营者还可以从品牌溢价和"网红"变现的角度，利用磁力金牛等工具，帮助快手小店实现收益最大化。

9.3.1 品牌溢价：打造品牌是王道

品牌溢价是产品拥有的附加价值，也是品牌产品能够比其他产品卖出更高价格的根本原因。例如，同样是女士手提包，一些国际知名品牌的产品售价就明显高于普通箱包品牌的产品售价，这就是品牌溢价的力量。在短视频领域也是一样，拥有自主品牌的短视频的溢价能力远远高于无品牌的短视频，无论是聚揽人气还是电商引流，拥有自主品牌的短视频都具有明显优势。

因此，运营者在结合快手与短视频内容对快手小店产品进行电商运营的过程中，应该要重视品牌的打造。确立好品牌形象的最终目标后，运营者要基于账号、品牌的人设，在快手进行自主直播，并通过在快手的运营，帮助快手小店完成新店的爬坡起步。有条件的快手小店运营者，还可以定制面向快手用户的专款产品，为快手小店的产品打造独有的消费吸引力。

9.3.2 "网红"变现：关键还是账号粉丝

"网红"变现是一种以"网红"为核心的相关产业链，延伸出一系列商业活动，其商业本质是粉丝经济，即依靠粉丝的支持来获得各种收益。快手接地气的新市井文化生态、庞大的平台流量与强有力的扶持机制，使"网红"变现模式被越来越多的快手账号运营者应用。

不过，成功应用"网红"变现模式的关键在于拥有大量的账号粉丝。这一模式适合有极具特色与辨识度的人设、有专业的策划团队、有精准的粉丝群体的"网红"，普通运营者想要应用该模式，应该先全力运营快手账号，等账号成为具有一定影响力的达人账号后再进行该模式的应用。

应用"网红"变现模式的具体做法主要有利用个人的影响力和建立"网红"孵化公司两种。

❑ 利用个人的影响力："网红"普遍具有一定的影响力，他们可以通过接广告、做品牌代言人，或者做产品的代购等方式进行变现。

❑ 建立"网红"孵化公司：大"网红"可以创建自己的公司或团队，通过培养新人主播，为他们提供完备的供应链和定制产品，孵化出更多的小"网红"，从而共同增强自身的变现能力。

当运营者使快手账号积累到充足的高质量粉丝后，快手小店自然可以在粉丝的支持下取得不俗的销量与收益。

9.3.3 磁力金牛：快手小店生意加速器

磁力金牛是快手推出的一个在短视频和直播间中共同推广快手小店商品的工具。它是快手电商一体化解决方案，能够帮助快手小店打通公域流量和私域流量，促成快手小店商品交易，实现流量变现，如图9-37所示。

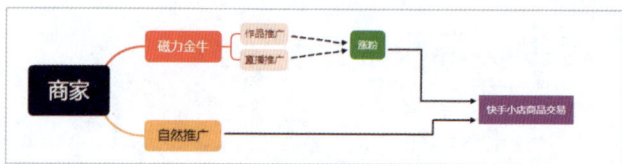

图9-37

运营者可以在快手的"设置"界面的"服务"一栏中点击"磁力金牛"按钮（见图9-38），进入磁力金牛的功能界面。

磁力金牛主要帮助快手小店运营者进行直播推广、短视频推广，并设置了速推版和专业版两大投放模式，支持达成涨粉、带货等多种投放目标。

运营者可结合自身营销诉求选择不同的推广方式。短视频推广能够为快手账号吸引粉丝和提高商品销量；直播推广能够帮助快手账号增加粉丝量，还可吸引用户进入直播间并下单。

关于速推版和专业版两大投放模式，运营者也应该结合自身情况进行选择。

磁力金牛的速推版适用于新手、需要私域流量的运营者等中小型快手电商，如图9-39所示。速推版各项功能的操作门槛低，支持快速放量、作品引流、直接添加视频，运营者只需设置预算、出价、定向和素材即可投放，投放将以"原生化广告"的方式进行。

磁力金牛的专业版适用于有丰富投放经验的运营者以及有成熟服务能力的代理商，如图9-40所示。专业版的直播推广支持同时优化深层转化目标，能够用多种定向方式测试投放效果，并根据测试结果进行重点优化。另外，专业版还支持同时进行直播推广和短视频推广，从而同时获取公域和私域流量。

图 9-38

图 9-39

图 9-40

第 10 章

快手直播：
引流与变现的主要渠道

网络直播是时下备受年轻人喜爱的一种内容传播方式，也是近几年发展最为迅猛的行业之一。网络直播通过与电商营销相结合，借助达人主播的巨大流量，并根据自身所具备的表现方式多样、互动性强等独特优势，已经成为各大互联网平台中的运营者实现涨粉、引流和变现的主要渠道。

10.1 直播战略：直播行业与快手平台

作为短视频平台中的佼佼者，快手近几年亦跟随网络潮流，大力推进直播板块的发展，为众多用户开设了一个可靠的获利渠道。本节将从产品特征与行业前景两个方面为大家介绍直播这个新兴行业，并简单讲一讲快手直播。

10.1.1 直播行业：产品特征与行业前景

在互联网飞速发展的今天，人们的消费模式发生了转变，为迎合消费者的诉求，传统的销售模式发生变化，依托于互联网、大数据和人工智能等技术手段的新零售模式得到了空前的发展，直播成了新的风口。下面将为大家梳理直播行业的产品特征及其与电商相结合后的发展优势，如图10-1所示。

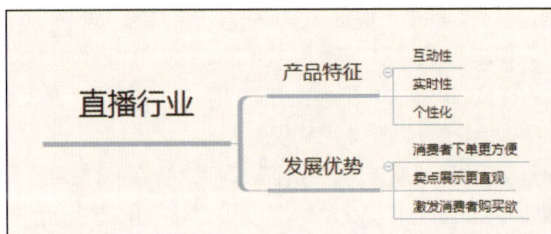

图10-1

1. 产品特征

直播能受到广大用户的青睐，必然有其突出的特征优势。要想掌握直播变现的奥秘，我们首先需要对直播的产品特征有一定的了解。直播的产品特征有以下3个。

（1）互动性

直播的互动性体现为主播和直播间粉丝的双向互动。一方面，主播可以通过实时评论和付费虚拟礼物等机制了解正在观看直播的用户的需求，并且用户在想更多地了解某些内容时可以随时发布相关评论。另一方面，主播了解用户需求之后，可及时调整直播的内容，与观众进行实时互动，让用户产生"参与感"。这是直播的独特魅力。

> **拓展延伸：** 直播最大的优点就是互动性强。直播时，主播可以提醒粉丝关注直播间，还可以利用红包、优惠券、抽奖等一系列活动来延长粉丝的停留时间，增强粉丝的黏性，这样既可以实现粉丝在线流量变现，又可以为二次引流做铺垫。

（2）实时性

直播的实时性可以说是互动性的基础。在直播中，主播和用户可以实时互动交流，同时主播运用自身高度专业的应变能力和娴熟的话术，不断调动用户的积极性和热情，营造良好的氛围。直播强大的带货能力在很大程度上就受到了实时性的推动。

❏ 及时反馈

由于直播中的互动是实时进行的，主播可以通过评论、礼物、观看人数和下单量等情况及时获得反馈，从而在直播状况不佳时及时调整直播内容，在直播间热度较高的时候也能更好地抓住时机，促进销售。传统的图文、视频形式的非即时推送很难达到这样高度灵活的机动性。

❏ 展现真实

直播不同于图文、视频内容，后者可以通过后期制作、剪辑进行设计、美化。例如展示产品的图片和视频都可以通过后期处理，将其中缺乏吸引力的部分删减掉，而直播却可以更大限度地保证产品性能的完整呈现，从而获得用户的高度信任。

例如，当主播在直播中展示口红的使用效果时，用户可以连贯、完整地观看整个使用过程，这一过程就很难造假，但如果通过图片或者视频来展现，由于无法看到真实的拍摄过程，用户就会对其呈现的效果是否真实产生怀疑。

（3）个性化

不同的主播有不同的直播风格，这体现了直播的个性化。而在实际的直播当中，这种个性化又可以折射为主播的个人魅力，从而成为一种可以量化的指标。随着直播的日渐火爆，主播和观看直播的用户都越来越多，当"直播经济"逐渐形成，直播这个形式本身的重要性甚至超越了直播内容。

在观看直播的过程中，很多时候用户观看直播的动机并非了解产品，而是看主播如何"带货"，用户是否下单购买甚至不一定取决于产品性能的优劣或产品价格的高低，而是取决于主播的知名度高低、主播的推荐是否有吸引力、主播的影响力大不大、主播的直播风格讨不讨喜等因素。这时，主播的带货能力和人格魅力在消费决策中拥有很强的影响力和权重。

随着5G技术的应用推广，5G网络高带宽、低时延、海量连接的特性将会为超高清视频带来强有力的支撑，网民将步入视频高清化、信息视频化的时代，视频将成为信息表达的重要载体，在线直播将继续渗透大众的日常生活。从平台发展而言，5G技术能有效提高网速，改善视频画质，将显著提升用户观看体验，提高用户留存度。5G时代下，VR、人脸识别等新技术的应用，将使赛事直播、企业直播等现场直播模式的应用范围扩大，直播形式和场景更加多元化。

比起传统的销售模式，依靠带货来推动商品的销售更为方便快捷，助销效果也相对较好。在带货的过程中，消费者能充分了解商品，建立对直播间或主播的信任，还能享受优质的服务。

2. 发展优势

直播行业的蓬勃发展，与"直播+电商"的内容形式密不可分。虽然直播行业包括游戏直播、电商直播、户外直播、语音直播等多种内容形式，但是受众更广、备受行业青睐的内容形式无疑是电商直播。特别是在近两年，线下实体经济受到冲击，越来越多的销售型企业开始在电商直播领域发力，更是促进了直播行业的发展以及其与电商营销的深度融合。

直播行业与电商营销相结合后，主要有以下3点突出优势。

（1）直接购买：消费者下单更方便

如今，很多短视频平台都与电商接轨，内容创作者可以将推广的商品添加到作品中，消费者只需点击链接便可以直接下单购买对应的商品。图10-2所示是快手上的一个美食教程视频，视频下方放置有视频中使用到的空气炸锅用纸的购买链接，该链接能让有需求的用户在观看视频的过程中轻松便捷地完成购买，而该账号的运营者也能因此完成流量转化，赚取一定的佣金。

图10-2

站在消费者的角度来看，这种一站式的购物不仅让人省心，还让人放心。消费者除了可以通过达人或其他购买者的体验、评价得到关于商品的真实反馈，还能享受优质的相关服务。为了能让消费者更加放心地下单购买，电商平台和直播平台双方都需承担保障商品质量的责任，这样才能让电商直播的发展进入良性循环。

（2）商品展示：卖点展示更直观

不管是"种草""安利"，还是带货推销，它们能吸引众多用户的一个重要原因是"真实"，即能给用户一种身临其境，仿佛在亲身体验的感觉。这些创作者或主播通过视频或直播，甚至依靠简短的文字描述和图片展示，就能把商品的核心卖点宣传出去，牢牢抓住消费者的需求。但由于无法和消费者面对面接触，商品展示要让人信服，绝非容易的事，为了克服这样的困难，创作者和主播都使出了不同的看家本领。

"爱美之心，人皆有之"，购买美妆用品成为女性的一大消费支出。在传统的柜台销售模式下，消费者购买美妆用品可以在柜台试用体验，而在视频、直播带货中，商品体验转嫁给了值得信赖的创作者或主播。图10-3所示为某快手主播为了能让观众切身感受到口红的质地和颜色，将口红涂抹在手上并用特写镜头展示涂抹效果的直播讲解回放画面。

食品安全一直受到人们的高度重视，通过网络渠道购买自制食品，很容易引起消费者的担忧，为了打消这种顾虑，商家利用直播，让消费者"亲眼看见"食品的生产过程。图10-4所示为某粉条商家在快手平台开设的直播间，该直播间每天都会直播其食品加工厂制作粉条的过程，用户通过观看直播可以了解粉条的制作过程，对购买的粉条感到放心。

借助新媒体的各种手段，不同商品都能找到适合的展示方法，这些方法能够让商品的卖点与优势立体生动地呈现在用户面前。未来，随着VR技术的不断完善，还会出现更多将虚拟现实与带货商品的展示相结合的事例，到那时，用户会有更加真实的体验。

（3）营销活动：激发消费者购买欲望

在营销方面，带货比起普通的广告还有一个显著的优势，就是能在商品宣传的同时，开展一些专享的促销活动。而且一些创作者或主播直接与厂家直接达成带货合作，没有中间商赚取差价，消费者享受的价格往往是十分优惠的。

图10-3

图10-4

10.1.2　快手直播：平台与账号的营利工具

在快手App中，直播打赏是占比较大的收入来源。快手2022年第一季度财报显示，直播业务对快手收入的贡献占比高达37.2%，如图10-5所示。

目前快手的直播业务已经处于成熟期，虽然受政策影响，直播收入增速由2018年的135.4%下降到2022年第一季度的8.9%，但直播群体不断扩大，直播收入稳步增长。快手的直播业务在2017年的总收入为79亿元，而到了2022年，快手在第一季度的直播业务收入就达到了78亿元。

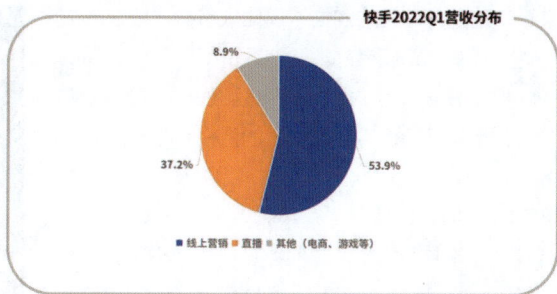

图10-5

从目前的官方数据与直播行业的发展趋势来看，直播依旧是快手以及快手账号运营者主要的盈利工具之一。

此外，与抖音直播、淘宝直播等其他互联网直播平台相比，快手直播最大的优势在于用户分布范围更广、更平均。因此，在快手直播中，一些性价比高且受众更广泛的电商产品往往能够得到更喜人的销量。

10.2　直播设备：使用硬件提高质量

硬件设备是帮助开展直播、提高直播质量的实用工具，缺少了硬件设备，不仅会使直播呈现的画面和音频效果大打折扣，有时还会影响到直播的顺利进行。因此，运营者在正式直播之前最好提前准备好所需的设备，保证直播的整体展示水平，提高直播的质感。

10.2.1　音频设备：好的声音更能传达信息

音频设备是重要的直播设备，清晰的声音对直播很重要。直播不同于短视频，它通常是没有字幕的，如果声音不够清晰，再精湛的话术和专业的产品介绍都难以传达给用户，更不用说带货了。接下来介绍几款音频设备。

1. 声卡

声卡，又名音频卡，是常用的音频设备。它能够通过外置接口实现声音的转换输出，是直播带货必不可少的设备之一。

好的声卡能够提升所录制的声音的效果，使音色和音调更加自然动听，让声音更加立体。声卡通常会配备专门的调音台，以便对声音进行调节。

2. 电容麦克风

电容麦克风是麦克风的一种，用来接收主播的声音，如图10-6所示。电容麦克风相较于传统的麦克风更加灵敏，对声音的接收能力更强，因此能够录制到更加细腻而具有表现力的声音。在带货直播中，主播声音的感染力的呈现非常重要，使用电容麦克风能够更好地将主播的情绪传达给用户，调动用户的情绪，从而实现直播间氛围的升温。

相较于传统的麦克风，电容麦克风更加轻巧灵便，有一定的抗摔抗震能力，在直播中被误碰或者撞倒也不会导致直播事故的出现，因此能够适应带货直播的要求。

图 10-6

3. 无线手持麦克风

无线手持麦克风是生活中比较常见的一种麦克风，如图 10-7 所示。它的功能比较简单，能够满足一些简单的带货直播的需求。它通常与麦克风支架搭配使用，这样主播就能够多出一只手来展示产品。

4. 麦克风支架

麦克风支架，顾名思义，就是用来固定麦克风的支架。它主要分为桌面三脚支架、悬臂支架、落地支架 3 种。

（1）桌面三脚支架

桌面三脚支架的价格比较实惠，可以和传统的麦克风搭配使用。但由于它需要被放置在桌面上，如果直播中介绍的产品需要在桌面上进行展示或者摆放，如饰品带货直播、美妆带货直播等，那么就可能出现桌面空间不足的尴尬情况。

图 10-7

（2）悬臂支架

悬臂支架（见图 10-8）是比较常用的支架，它能够随意调节角度和高低，使用起来也比较灵活。而且由于悬臂是可以拉伸的，因此它不会占用太多桌面空间。

图 10-8

（3）落地支架

落地支架（见图10-9）不需要固定在桌面或架子上，而是可以直接放置在地面上，主播可以自由调节其高度，如需更换位置也可以随时移动，具有较强的灵活性。落地支架在服装带货直播中经常使用。

图10-9

5. 防喷罩

防喷罩是用来保护麦克风的工具，如图10-10所示。由于直播过程中主播需要不停地说话，尤其是在距离麦克风较近的情况下，麦克风很容易由于喷出的唾沫或水汽而受潮，减短使用寿命，给麦克风加上一个防喷罩是比较有必要的。而且，防喷罩还可以有效规避"喷麦"等情况，使录制的声音更加顺耳、清晰。

6. 监听耳机

监听耳机是返送原始音频的设备，如图10-11所示。它在直播中的作用就是让主播实时听到自己真实的声音，对自己发出的声音能够有所把握，从而可以及时调整音量、吐字等情况，优化直播间用户的观看体验。

图10-10

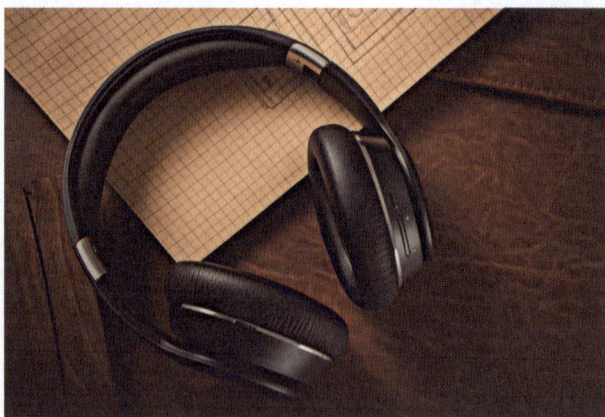
图10-11

10.2.2 摄像设备：清晰的画面非常重要

在直播的过程中，主播需要通过画面与直播间用户进行互动交流、展示产品细节，稳定清晰的画面能够全方位地提升用户的观看体验。而实际的拍摄效果在很大程度上受到摄像设备的制约。专业的摄像设备能够拍摄出更稳定的画面，从根本上提高画面质感。接下来介绍几种能提高画面质感的摄像设备。

1. 高清摄像头

高清摄像头是指分辨率达到720P及以上的摄像头。使用高清摄像头能够避免画面模糊不清，快速提高直播的画面质感和专业度。在带货直播中，用户往往希望通过画面更加清楚地观察产品的外观及性能，因此较高的画面清晰度是优质直播的必备属性。

直播购物是线上消费的一种形式，它与在实体店中购物不同，用户无法亲手亲眼地了解产品，而是由主播代为使用和展示，因此，我们也可以将其视作一种以视觉为主导的消费。运营者应当尽可能注重画面质感的提高。一方面，清晰的画面能传递更多关于产品的信息给观看直播的用户；另一方面，清晰的画面能够使直播显得更加专业，提高用户对直播间和产品的认可度。

2. 手机云台和手持稳定器

手机云台和手持稳定器都能防止画面抖动，是帮助画面聚焦、稳定拍摄的良好工具。手持稳定器的防抖功能更加强大，但在一般的直播中，手机云台已经能够满足拍摄需求，如图10-12所示。

图10-12

手机云台搭配手机使用，支持自动转换画面。其底部有支架，运营者可以直接将其与手机相连，放置在固定位置。手机云台可以智能控制手机，跟随被摄主体的行动来实现画面的转动。

这类帮助画面稳定的直播设备适用于户外直播带货的场景，可以由专门的工作人员手持装载了手机云台的手机，跟随主播进行拍摄。

3. 手机支架

手机支架是常见的直播辅助工具。其底部有带有螺母的底板，可以固定在桌面或架子上。运营者可以根据拍摄的需要自由调节其拍摄角度。图10-13所示为某位快手主播使用手机支架进行直播带货的画面。

使用手机支架的好处在于它能固定手机，主播不用自己举着手机，而且在直播过程中可以方便快捷地调整拍摄角度。但它与手机云台的区别在于手机云台可以自动完成镜头的转动，而手机支架需要主播手动进行调整。因此，在进行全景画面拍摄时，使用手机云台更加方便，而手机支架则更加适合在美妆带货直播、珠宝带货直播等直播中拍摄特写画面。

10.2.3　灯光设备：保证直播视觉效果

直播画面会受到布景、光线等因素的影响，而光线是可以通过人为的调节来把控的。因此，要想为用户提供良好的观看体验，灯光设备也必不可少。

1. 补光灯

补光灯即摄影补光灯，简单来说，它是用来为画面打光，提亮画面的，如图10-14所示。补光灯具有调节光线条件、突出被摄主体、烘托画面氛围等多重作用，在实际情况中有着广泛的使用方法。

2. 柔光罩和柔光箱

柔光罩又称闪光灯散射罩，作用是使光线更加柔和自然。柔光罩主要分为反射式柔光罩、直射式柔光罩、扩散式柔光罩3种，具有轻巧便捷的特点。

柔光箱通过漫射降低光线的硬度，能够扩大发光面，使色彩更加鲜艳锐利。它由反光布、柔光布、钢丝架、卡口4部分组成，具有多种形态，如长方形、正方形、八角形、柱形、伞形、蜂窝形等。柔光箱必须安装在灯架上，不能单独使用。图10-15所示为某直播间放置的柔光箱。

图10-13

图10-14

图10-15

10.3　直播设置：快速开通直播权限

在快手，直播带货的主播通常给人一种"粗粝且路子野"的印象，且各大带货主播形成了以"家族"为单位的特殊的团体，即形成一种"1个头部主播+N个次级主播"的矩阵，这被人们戏称为"快手的家族江湖"。对于一个新入驻快手的带货主播来说，若能加入一个"家族"中，依靠其中各成员的相互引流，很快便能在快手获得很多忠诚度较高、黏性较强的粉丝。

> **拓展延伸：**运营者在直播间需设置一个引人瞩目的标题和封面，以更好地宣传自己，并更高效地达到引流的目的。

在快手，开通直播权限并不难，接下来为大家介绍快手新用户开通直播权限的具体步骤。

01 打开快手，在主页点击⊕按钮，如图10-16所示。在内容编辑界面选择"直播"，进入直播界面。

02 在直播页面的最上方切换至"视频"选项，单击页面下方的"开始直播"按钮，如图10-17所示。

03 如果账号未进行实名认证，则会自动跳转至"实名认证"界面，如图10-18所示。填写"真实姓名""证件号码"之后，点击"同意协议并认证"按钮，自动进入人脸验证流程（见图10-19），操作结束之后即可正式开始直播。

图10-16

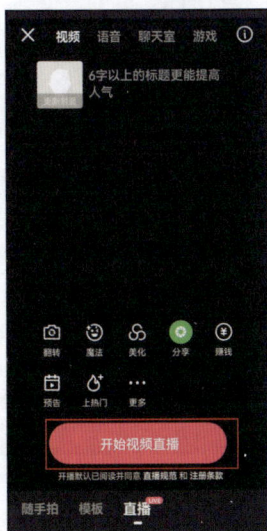
图10-17

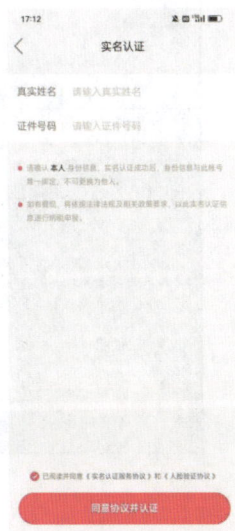
图10-18

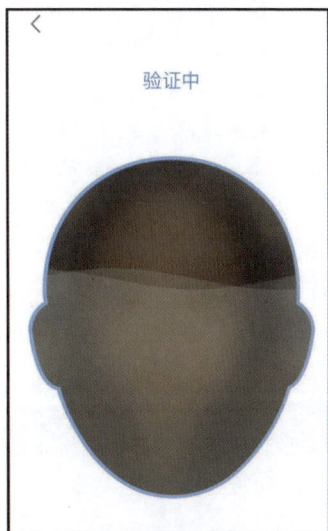
图10-19

10.4　产品展示：带货直播的内容核心

开通直播权限后，运营者则可进行正式的直播。对于带货直播而言，展示产品是直播过程的主要环节，主播需要掌握展示产品的方法，以便更好地激发消费者的购物热情。在展示产品前，主播需要明确产品的优缺点，对产品进行客观的判断，同时确定产品的卖点。在展示产品的过程中，主播只有把握好消费者的需求，才能激发消费者的购物热情。

10.4.1　了解产品：明确产品卖点

主播在展示产品前，要掌握产品信息，明确产品的卖点。同时，任何产品或多或少都是有缺点的，主播在介绍产品时不能回避其缺点，但可以使用一些技巧扬长避短。主播在展示产品前要先做好功课，这样在直播时才能更好地激发消费者的购物欲望。

为了更好地了解产品的优缺点，主播可以采用向厂商询问、阅读报纸和杂志、试用等多种方式。同时，主播还要区分产品的哪些缺点是由于产品本身的不足导致的，哪些缺点是这类产品所固有的。

在明确产品信息的基础上，主播可以对产品进行分类，或对产品的各个型号进行分类，与消费者分享一些挑选产品的小技巧。图10-20所示为某主播在直播间向消费者展示衣服的上身效果，明确产品卖点的画面。

10.4.2　展示细节：介绍要循序渐进

在产品展示流程的设计上，主播要事先安排好直播中所需展示的产品的顺序。这样不仅有利于主播合理地安排直播内容、把握直播流程，还能带给消费者更好的观看体验。

在安排要展示的产品顺序时，主播可以根据品类、风格、受众等对产品进行分类。将产品分类后，主播可以统一讲解有共同点的产品。这能够有效提高主播展示产品的效率。

在展示产品时，主播要注重细节，循序渐进，不可急于进入下一个环节，要让消费者充分认识到产品的卖点。图10-21所示为某快手主播在直播间向消费者展示服装细节的画面。

图 10-20

图 10-21

10.4.3　试用产品：展示最佳使用效果

相对于传统的网上购物，许多消费者更愿意通过观看直播来购物。因为消费者可以通过主播使用产品看到产品的实际效果，从而更愿意购买产品。

为了更好地向消费者传达试用产品的真实体验，主播需要尽可能地将自己的真实体验表达清楚，让消费者充分感受到产品的功效。主播要结合消费者的特点，抓住其情感需求，生动形象地介绍产品的使用体验，并辅以创意性的内容表达，才能更好地激发消费者的购物热情。如果主播有搭档的话，也可以和搭档合作实现产品的试用，更好地介绍不同产品或同种产品在不同人群身上的使用效果。

图10-22所示为某主播在对某品牌的洗面奶进行讲解的画面。该主播分别针对干燥粗糙、易敏泛红等不同肤质的用户进行产品特点的分析与使用流程的介绍，还展示了自己使用洗面奶后的面部效果。

图10-22

10.4.4　同类比较：突出选品优势

在展示产品的过程中，主播要放大产品的优点，突出产品的高性价比。产品的优点和高性价比是促使消费者下决心购买的重要因素。在展示产品的过程中，主播应将产品与同类产品进行适当对比，从而突出自己宣传产品的鲜明优点与较高的性价比。

以美妆产品为例，在单品介绍环节，主播可以对每款产品的材料、成分、功效、适用人群等进行详细的介绍，以便放大产品的优点，还可以形象化地说明在具体情境下如何使用产品并进行搭配。图10-23所示为某美妆产品带货主播对比多款不同的口红的画面，该主播从色号、显色度、滋润度等多个方面对比了多款口红，说明了它们各自的优势，并让观众根据自身需求进行选购。

图10-23

与同类产品进行价格对比更能体现产品的实惠，也更能反映产品的价值。在直播过程中，主播需要多次提醒消费者购买产品所能享受的优惠，如说"同类产品可能需要更高的价格""现在下单享受活动折扣"等。这能强化消费者对产品高性价比的认知。

10.4.5　售后服务：让购物更加靠谱

主播在展示产品之后应当及时讲明产品的售后服务，消除消费者的后顾之忧，以吸引更多消费者下单。当前，许多产品都提供保修、保退换等服务，主播在介绍产品的过程中应一一说明，以使消费者消除疑虑，快速下单。

主播在直播的过程中，讲明产品的售后服务非常有必要。随着越来越多的人员加入直播队伍，这个行业绝非"一锤子买卖"，即使产品一开始销量较高，若无过硬的质量保证，产品也难以持续受到消费者追捧。让消费者买得舒心、吃得放心、用得安心，直播间才能运营长久。

例如，某主播在直播间推销一款连衣裙，这款连衣裙性价比高、款式较时髦，消费者在直播间下单还能获取优惠券和享受折扣，但消费者的消费热情并不高。这时，主播注意到很多消费者都在评论中询问这款连衣裙的售后服务，便迅速补充道："除上述福利外，我们家裙子的售后服务也十分有保障，不合身或存在其他质量问题都可以免费退换。"经过这番补充，之前对这款连衣裙的售后服务有顾虑的消费者纷纷下单了。

图10-24所示为某品牌电器的直播间，为了使用户明确直播间的产品售后保障，该品牌直接在直播间注明了"冰箱送10年压缩机延保"。

当前，众多平台的网络运营单位已专门成立售后服务组。售后服务组专门对售后问题进行反馈和回复，对有换货需求且符合要求的消费者，主播和商家可通过售后客服详细告知具体换货方式。同时，主播也要与消费者保持长期沟通，询问其对售后服务的意见或建议，优化售后服务的各个环节，努力为广大消费者提供更好的购物体验。

图 10-24

10.5　带货策略：提高销量有捷径

在直播带货的过程中，主播要时刻把握消费者的心态，明确消费者的诉求。如果主播呈现的产品不能吸引消费者，就难以激发消费者的购物热情。因此，主播需要使用一些技巧让消费者感受到产品的魅力，促成交易，提高成交量。

10.5.1　主播人设：反复锤炼，加深印象

对主播而言，打造人设是一个需要不断努力、不断接受反馈、不断改进的过程。主播必须在个人美感和观众喜好之间寻求平衡，反复锤炼人设，以加深观众对自己的印象，这样才能让观众记住自己，扩大自己的影响力。

人设不仅指外表，还包括语气、表达、动作、才艺、仪态等多方面内容，塑造良好的人设需要主播进行一定的构思，具有一定的实践经验。主播应结合自身特色尝试不同风格，如清新爽朗、豪放不羁、甜美动人等，找到适合自己的人设。

1. 挑选合适的话题

不同风格的主播会挑选不同的话题。乐观开朗的主播在聊天时可积极拓展话题，多聊聊自己的体会与感受。自信沉稳的主播则可适当对观众提出的某些敏感话题避而不谈，维护自己的形象。

2. 布置直播间背景

如果是真人出镜，主播需要注意直播间背景的风格与包含的元素。例如，甜美型主播可借毛绒玩偶、粉色家具等塑造直播间氛围，也可在直播间的设计元素上费点儿心思，点缀清新配色、卡通贴画或彩色边框等。图 10-25 所示为某美妆品牌的快手直播间，背景的粉白色与主播的服饰颜色相得益彰，塑造了整个直播间甜美整洁的氛围，也符合直播间产品的特色。

图 10-25

10.5.2 优势价格：物美价廉，提升竞争力

出于对产品性价比的考虑，部分消费者在看到产品价格较高时就会犹豫。要想让这部分消费者下单，主播可以通过各种渠道为直播间的产品争取优惠，降低产品价格。此外，主播可以使消费者认识到自己推荐的产品物有所值，从而不再犹豫、快速下单。

1. 突出性价比

主播可以从产品的质量入手，反复向消费者强调自己推销的产品比同类产品的质量更好、性价比更高。从消费者心理出发，性价比更高的产品自然更受欢迎。在产品价格相差不大的情况下，性价比高的产品更有竞争力。

例如，在销售一款护肤品时，主播可以从产品的品牌、成分和功效入手，突出产品的性价比，吸引较注重护肤效果的消费者，提高销售额。

2. 对比同类产品价格

当某类产品的市场价格本就很高时，主播可以将产品价格与市场同类产品价格进行对比，向消费者表明自己所销售产品的价格优势。

主播通过直观的价格对比，让消费者明确自己所推荐产品的价格优势，能够有效地刺激消费者快速下单。此外，主播也可以向消费者强调直播间的满减政策、折扣等优惠，进一步打消消费者的顾虑，如图 10-26 所示。

3. 价格分析

主播可以为消费者剖析产品价格高的原因，从制造产品所需的创意、人力、物力等各个方面进行分析，使消费者了解到产品的制作难度和独特的价值。例如，主播推销的皮鞋是手工制作的，这时主播就可以向消费者强调皮鞋的选料严谨、设计独特、手工制作等特点。图 10-27 所示为某主播进行皮鞋细节展示的画面，在充分

图 10-26

图 10-27

认识到产品的价值后，消费者会更易于接受产品的价格，也就会果断地下单购买。

10.5.3 直播促销：优惠限定，激发热情

为了提高产品的销量，主播需要掌握各种促销法则，结合特殊的日期、时事、时令变化等开展各种促销活动，激发消费者的购物热情。

1. 节假日促销

在节假日，消费者的购物热情会空前高涨。例如，许多消费者会在中秋节购买月饼，在元宵节购买元宵等。如果主播在节假日用好、用对促销方式，就能够进一步激发消费者的购物热情，提高产品的销量。

节假日促销是常见的促销方式，以突出纪念性为主要特征，即在特殊的日子给消费者提供特殊的优惠或权益。主播在节假日开展促销活动能够获得更好的促销效果，不仅可以提高产品的销量，还可以提高直播间的知名度。

2. 纪念日促销

为提升消费者的购物体验，各大平台都推出了为当天过生日的消费者免单、赠送小礼物等促销活动。针对消费者生日进行促销，能让消费者感到主播的关怀与重视。

纪念日促销的本质是以特殊的时间点为促销理由，为消费者提供购物优惠。主播在进行纪念日促销时，要特别注意告知消费者纪念日活动的时间和主题，如主播个人的开播周年纪念日、主播粉丝"破万"纪念日等。图 10-28 所示为快手小店的年中大促活动界面。每年的 6 月 18 日是电商平台开展年中大促的日子，大量的折扣和优惠能吸引很多消费者下单购买各式各样的产品。

图 10-28

在纪念日促销活动中，主播也可以为消费者准备一些创意礼品。礼品应体现个人特色和直播间特色，向消费者重点介绍直播间特色并表达主播的心意。纪念日促销能够增强消费者的黏性，刺激消费者进行消费。

10.5.4 增设福利：再度提高消费性价比

为了提高产品的销量，主播有必要以满足消费者需求为中心，开展各种福利营销活动。主播可以以产品为中心为消费者提供优惠，如发放产品优惠券、买一送一等，也可以通过抽奖的方式进行让利。这些增设的福利既可以吸引消费者购买产品，也可以增强消费者的黏性。

1. 产品优惠

主播可以在直播间发放产品优惠券，也可以通过各种方式直接赠送产品。例如，不少主播都会在直播间发放店铺的满减优惠券。

发放产品优惠券这种福利营销方式的成本低、投放精准，因为发放对象锁定为直播间的消费者。产品优惠券与主播的产品介绍形成了双重吸引，消费者更容易进行消费。图 10-29 所示为某直播间对美甲产品发放的福利优惠券。

主播也可以在直播间推行"产品买一送一""多买多送"等以产品为中心的福利营销活动。合理开展福利营销活动可以有效提高产品的销量。当然，主播要考虑成本问题，避免资源浪费。

2. 抽奖活动

抽奖是主播进行福利营销的重要手段。抽奖这一优惠形式抓住了消费者追求实惠的心理，而主播在直播间开展抽奖活动的行为会引起更多消费者的关注，从而提高产品的销量。

主播可通过定期抽奖吸引消费者观看直播，增强消费者黏性。开展抽奖活动时，主播不一定每次都要赠送价值非常高的奖品，可以通过增加抽奖次数降低奖品价值，吸引消费者关注直播间。获得奖品能增强消费者的满足感，起到留存消费者、刺激消费者下单的作用。主播还可挑选大型节日开展抽奖活动，这也是消费者与主播进行互动的一种形式。

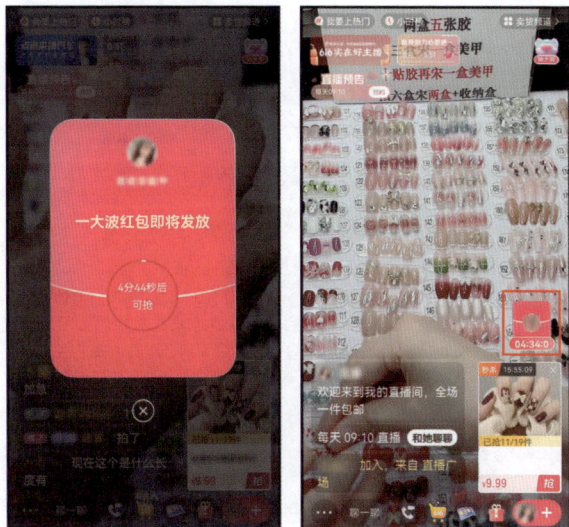

图 10-29

3. 展示才艺

主播可适当展示才艺，丰富个人形象，提高消费者的期待值。如果主播喜欢音乐、唱歌好听，就可发挥该特长，偶尔为消费者唱一首歌，以积极开朗的心态展示自己的才艺，主播及其推广的产品自然会受到消费者的欢迎和认可。

值得注意的是，塑造受消费者欢迎的形象并不意味着要时刻取悦消费者。如果主播一直循规蹈矩，刻意地呈现自己塑造的人设，反而会令消费者觉得生硬，产生审美疲劳。过于单调的形象也不利于吸引新的消费者。

10.6　沟通技巧：直播带货的说话之道

直播间是主播和消费者沟通互动的主要渠道，主播除了要调动现场气氛，还要尽可能地增强与消费者的交流，提高每个人的参与感，这就要求主播必须掌握与消费者沟通的技巧，加深与消费者的交流。主播的感染力越强，就能留住越多的消费者，更可能将其转化为粉丝。下面介绍一些主播与消费者沟通的技巧。

10.6.1　日常化表达：生活用语更有亲切感

在直播过程中，主播可以多谈谈自己，表达心声，用亲切真诚的形象引起消费者的共鸣。主播可分享当天的所思所感，也可推荐自己喜爱的歌曲和电影，并且要留意公屏上的用户发言，结合自身体会及时加以回复。图 10-30 展示了某直播间的部分消费者发言。

很多主播在直播时过于注重对产品进行介绍，全程都在说明

图 10-30

产品的功效、使用体验等，与粉丝进行互动时也只是围绕产品为粉丝答疑解惑。这样的推销方式虽然可以让粉丝充分地了解产品，却不一定能够让粉丝相信主播的推荐。因为在粉丝心中，主播只是在机械地推销产品，不够亲切自然。所以主播在推销之余，可以尽量和粉丝多聊天，塑造亲近真诚的形象，拉近和粉丝之间的距离，比如，在介绍一些农产品时，主播就可以顺带和粉丝聊聊当地的风土人情，还可以展开讲讲各地的特产和自己家乡的故事。

10.6.2　个性化表达：贴合人设的语言风格

众多直播平台在不断推出崭新的直播内容与直播方式。主播在创新带货方式、敢于尝试新鲜事物的同时，应坚持自己的独特风格。主播的互动语言应与自己的人设相符，凸显鲜明的个人形象，方能取悦大部分粉丝，不让他们觉得突兀。

在众多语言风格中，幽默的语言风格是主播需要首先学习的。主播在直播过程中适时地使用幽默的语言能够使直播间的气氛更加轻松愉悦，而粉丝正需要这种轻松的气氛。主播还可以运用幽默的语言巧妙地化解尴尬，并展现主播的智慧，以人格魅力吸引更多粉丝。

10.6.3　专业化讲解：精准表述产品信息

在介绍产品的过程中，喊口号式的推销难以使粉丝完全信任主播，主播必须展现专业素养，用自己的专业知识征服粉丝。

以高跟鞋为例，一些粉丝对高跟鞋没有过多了解，也缺乏相关知识。粉丝在购买高跟鞋时会发现不同的材质、款式相对应的搭配风格不尽相同，很容易陷入迷茫，不知如何进行挑选。这时，主播就可以展现专业本领，为粉丝提供帮助，提供粉丝需要的信息。

主播无论推销什么种类的产品，都要对产品有足够的了解，并展示自己的专业性，以获得粉丝的认同。表述精准的主播能更好地与粉丝建立信任关系。